Herbert Marcuse

Kapitalismus und Opposition

Herbert Marcuse

Kapitalismus und Opposition

Vorlesungen zum eindimensionalen Menschen

Paris, Vincennes 1974

Herausgegeben von Lisa Doppler,
Peter-Erwin Jansen und Alexander Neupert-Doppler

Mit einer Einleitung von Roger Behrens

zuKlampen!

www.zuklampen.de

Umschlaggestaltung: Groothuis. Gesellschaft der Ideen
und Passionen mbH · Hamburg,
unter Verwendung eines Marcuse-Portraits (© Ulf Andersen)
Satz: Germano Wallmann · Gronau · www.geisterwort.de
Druck: Bookfactory Buchproduktion GmbH · Stadthagen

ISBN 978-3-86674-559-9

Bibliografische Information der Deutschen Nationalbibliothek
Die Deutsche Nationalbibliothek verzeichnet diese Publikation
in der Deutschen Nationalbibliografie; detaillierte bibliografische Daten
sind im Internet über <http://dnb.dnb.de> abrufbar.

Inhalt

Zurück nach Paris[1]

Vorwort

Die Anekdote, dass Herbert Marcuse ausgerechnet am 1. Mai 1968 in Paris eintraf und dann von dort am 12. Mai nach Berlin weiterreiste, ist bekannt und wurde immer wieder, vor allem in der bürgerlichen Presse jener Zeit, zu einer Art öffentlichem Geheimnis stilisiert.[2] So, als ob die zufällige Anwesenheit des Theoretikers irgendwie die politischen Proteste und Barrikadenkämpfe des sogenannten Pariser Mai ausgelöst hätte, um dann weiterzureisen zu den Revoltierenden nach Berlin oder Berkeley.

Marcuse hat freilich die Besetzung der Universität Sorbonne am 3. Mai, die Barrikadenkämpfe am 10. Mai und die wilde Streikbewegung ab dem 14. Mai teilweise als Augenzeuge miterlebt und die weiteren Ereignisse durchaus kritisch zur Kenntnis genommen. Ein Jahr später schreibt er 1969 in seinem *Versuch über die Befreiung* über die soziale Kraft der Fantasie, wie sie sich in der Wandparole »Die Phantasie an die Macht« an der besetzten Sorbonne ausdrückte: »Die Phantasie solcher Männer und Frauen würde ihre Vernunft bilden und tendiert dazu, den Produktionsprozeß zu einem Schöpfungsprozeß zu machen. Dies ist die utopische Konzeption des Sozialismus. [...] Sie war die großartige, reale transzendierende Kraft, die idee neuve bei der ersten machtvollen Rebellion gegen das Ganze

1 Die in den Texten verwendeten geschlechtsspezifischen Bezeichnungen schließen prinzipiell alle unterschiedlichen Geschlechtszuschreibungen ein.

2 Vgl. Marcuse (2004), S. 84.

der bestehenden Gesellschaft, der Rebellion für die totale Umwertung der Werte, für qualitativ andere Lebensweisen: der Mai-Rebellion in Frankreich.«[3] Die letzten zehn Jahre seines Lebens, bis zu seinem Tod am 29. Juli 1979, wurde dieser Kampf um qualitativ andere Lebensweisen zum bestimmenden Thema seiner Philosophie und Veröffentlichungen. Gespeist von älteren Arbeiten, etwa seiner Studie zu Freud *Triebstruktur und Gesellschaft* (1955) oder seiner *Kritik des Sowjetmarxismus* (1958), entstanden die vielgelesenen Schriften über *Repressive Toleranz* (1970), *Konterrevolution und Revolte* (1972), *Marxismus und Feminismus* (1974) und das *Scheitern der Neuen Linken?* (1975). Das Buch jedoch, das in den sozialen Kämpfen dieser Zeit am stärksten wirkte und rezipiert wurde, war zweifellos *Der eindimensionale Mensch* von 1964.

Zehn Jahre nach dessen Erscheinen und sechs Jahre nach dem Pariser Mai kehrte Marcuse nach Paris zurück, um zwischen dem 10. April 1974 und dem 10. Mai 1974 insgesamt sieben Vorlesungen am Vincennes-Campus der Universität Sorbonne zu halten. Mitschriften dieser Vorlesungen, die Peter-Erwin Jansen, einer der fünf Direktoren der Internationalen Herbert-Marcuse-Gesellschaft (Sektion Europa), im Marcuse-Archiv entdeckt hat, werden hier erstmals in deutscher Sprache veröffentlicht und damit der philosophischen und politischen Diskussion zugänglich gemacht. Jansen und sein amerikanischer Kollege Charles Reitz hatten diese Dokumente 2015 unter dem Titel *Paris Lectures* in den USA publiziert. Die Übersetzung ins Deutsche, die in diesem Band unter dem Titel *Kapitalismus und Opposition – Vorlesungen zum eindimensionalen Menschen* vorliegt, besorgten Lisa Doppler und Alexander Neupert-Doppler. Von Lisa Doppler stammt außerdem die Übersetzung des

3 Marcuse (2004/1969), Schriften 8, S. 260.

Interviews aus dem Französischen, das Herbert Marcuse am 10. Mai 1974 der Zeitung »Le Monde« gegeben hat. Roger Behrens, ein ausgewiesener Experte der Kritischen Theorie im Allgemeinen und der Gesellschaftskritik Marcuses im Besonderen, leistet in seinem Beitrag eine erhellende Einordnung der Pariser Vorträge in den Kontext von Marcuses Gesamtwerk. Wir sind ihm dankbar für die Unterstützung des Projekts, über dessen Hintergründe und Bedeutung wir uns im Folgenden äußern. Für das Wissenschaftsmagazin »Science« des Österreichischen Rundfunks recherchierte Lukas Wieselberg die außergewöhnliche Geschichte der Reformuniversität Vincennes. Als Gegenentwurf zur Sorbonne, die schon nach einem Jahr der Pariser Mai-Revolte erneut in ein hochschulpolitisch konservatives Fahrwasser geriet, entstand in einem Wald am Stadtrand von Paris eine chaotisch organisierte, aber intellektuell äußerst bedeutende, alternative und kritische Bildungsinstitution. Wieselberg erklärte sich großzügig bereit, das Manuskript der Sendung für diese Ausgabe zu überarbeiten, wofür wir ihm herzlich danken. Anlass des hier abgedruckten Gesprächs zwischen Detlev Claussen und Peter-Erwin Jansen war das 50. Jahr des Erscheinens der amerikanischen und in diesem Jahr der deutschen Ausgabe von *Der eindimensionale Mensch*.

Die hier veröffentlichten Reden eignen sich als Einführung in Marcuses Theorie insgesamt und als Ergänzung zu *Der eindimensionale Mensch*. Es finden sich Argumente aus den 1960er und 1970er Jahren, die auch für die heutigen Diskussionen über Kapitalismus und Opposition Anknüpfungspunkte bieten. Die Titel der einzelnen Vorträge wurden von der Herausgeberin und den Herausgebern gewählt. Damit soll der weite Bogen angedeutet werden, den Marcuse 1974 in Paris gespannt hat. Ausgehend von seinen Beobachtungen zur Gesamtlage des *Monopolkapitalismus* (1) untersucht Marcuse die mögliche Bildung von kritischem

Bewusstsein gegen *die Ideologie der postindustriellen Gesellschaft* (2) und gibt eine Definition dessen, was er die kapitalistische *Integration* der Massen nennt (3). Im Hinblick auf eine Revolution des 20. oder 21. Jahrhunderts und das Fehlen von *Vaterfiguren* in der Politik (4) fragt er nach der Bedeutung des *Neoimperialismus* (5), und nach den *Kräften des Wandels im Konsumkapitalismus* (6) der möglichen Opposition. Für seine kritische Haltung spricht, dass er weniger Prognosen zur Überwindung des kapitalistischen Systems abgibt, sondern auf einen für ihn grundlegenden Widerspruch hinweist und danach fragt, wie sich dieser in *Bewusstsein und Revolte* ausdrücken könnte (7).

»Die erweiterte Akkumulation erfordert Güter und Güterproduktion über die Reproduktion der Arbeitskraft hinaus, über die Lebensnotwendigkeiten hinaus. Das bedeutet Produktion für den Bereich der Freiheit und Vergnügung. Aber die Befriedigung dieser Bedürfnisse innerhalb des kapitalistischen Systems benötigt und bedingt lebenslänglich andauernde Arbeit, bedingt nicht nur die Aufrechterhaltung, sondern die Ausdehnung der Mühen entfremdeter Arbeit auf andere Bevölkerungsschichten, bedingt die Fortsetzung der Vollzeitausbeutung. Dies ist die Ausprägung des Widerspruchs im 20. Jahrhundert. Auf der einen Seite die steigende Produktion von Gütern, die ein Reich der Freiheit, Freude und kreativer Betätigung schaffen könnte. Auf der anderen Seite die Aufrechterhaltung der Mühen und entfremdeter Arbeit, um diese Güter zu erwerben und zu verkaufen und in Freiheit zu genießen.«[4]

Marcuses »Widerspruch des 20. Jahrhunderts«, die Zunahme des gesamtgesellschaftlichen Reichtums bei gleichzeitiger Vorenthaltung der gesamtgesellschaftlichen Verfügung, ist auch für das 21. Jahrhundert noch aktuell. Wenn

4 Pariser Vorlesung 6 (*Konsumkapitalismus*), S. 92.

die kritischen Analysen stimmen, wonach es sich bei der Finanz- und Wirtschaftskrise seit 2008 auch um eine Überakkumulationskrise handelt, verweist dies auf die Aktualität seiner Überlegungen. Dem mittlerweile globalisierten Weltkapital fehlen Verwertungsmöglichkeiten, die Weltgesellschaft ist demnach für den Kapitalismus zu reich geworden. Sowohl der Sozialabbau in den reichen Industrieländern als auch die fortwährende Verelendung und Verarmung im sogenannten globalen Süden stehen im Widerspruch zu den heute vorliegenden Möglichkeiten eines guten Lebens für alle. Gleichwohl gehört es zu den besonderen Verdiensten Marcuses, beständig zu betonen, dass nur die praktische Bewusstwerdung oppositioneller Subjekte in der Lage wäre, diesen objektiven Widerspruch zu lösen.

Auf dieser Denkleistung beruht das in den letzten Jahren wieder zunehmende Interesse an Marcuses Theorie. Zum 50. Jubiläum des *Eindimensionalen Menschen* gab es ungewöhnliche Formen der Erinnerung, zum Beispiel die durch zahlreiche deutschsprachige Städte tourende Bühnenshow *Der eindimensionale Mensch wird 50*. Nicht nur der Publizist Thomas Ebermann (Jahrgang 1951), sondern auch deutlich jüngere Akteure, wie der Schauspieler Robert Stadlober (Jahrgang 1982) und der Musiker Andreas Spechtl (Jahrgang 1984) traten vor einem durchaus auch jungen Publikum mit Texten und Songs zu Marcuses bekanntestem Werk auf. Sicherlich dürfen wir zudem gespannt sein, was uns 2018, zum 50. Jubiläum der Revolte von und nach 1968, bevorsteht. Einen Marcuse-Kongress im März 2018 in Berlin hat bereits die Gesellschaft für Psychologie unter dem Titel *Die Paralyse der Kritik: Eine Gesellschaft ohne Opposition* (Herbert Marcuse) angekündigt.

Unabhängig von solchen Jubiläen hat Peter-Erwin Jansen in den Jahren zwischen 1998 und 2009 bei zu Klampen insgesamt sechs Bände mit nachgelassenen Schriften herausgegeben. Zeitgenossen, einstige politische Aktivisten oder Experten des Werkes von Herbert Marcuse wie Oskar Negt, Gerhard Schweppenhäuser, Alfred Schmidt, Wolfgang Kraushaar, Detlev Claussen und Iring Fetscher, trugen dazu Einleitungen bei, die beständig um die Frage der Aktualität Marcuses für heute kreisen.

Die letzte populärere Einführung in das Werk Herbert Marcuses dürfte hingegen, abgesehen von Roger Behrens Band *Übersetzungen – Studien zu Herbert Marcuse* aus dem Jahre 2000, von Hauke Brunkhorst und Gertrud Koch aus dem Jahr 1987 stammen. Nachdem der letzte große akademische Kongress 2003 zur *Aktualität der Philosophie Herbert Marcuses* anlässlich der Bestattung seiner Asche auf dem Dorotheenstädtischen Friedhof an der Freien Universität Berlin stattgefunden hat,[5] war es in den folgenden Jahren bis 2010 publizistisch eher ruhig um Marcuse. Erst 2014, das Jubiläumsjahr der Erstveröffentlichung von *Der eindimensionale Mensch*, rückte Marcuse wieder stärker in die Öffentlichkeit. Die drei umfangreichen Analysen von Tim B. Müller, Rafele Laudani und Robert Zwarg eröffneten in den letzten Jahren erneut eine Diskussion einerseits über Marcuses Analyse-Tätigkeit im Office of Strategic Services[6] und andererseits über den Einfluss Marcuses auf die Theorieproduktion in der amerikanischen scientific community.

Von der Situation in der Bundesrepublik Deutschland unterscheidet sich die Rezeption in den USA, wo die Internationale Herbert-Marcuse-Gesellschaft seit 2005 alle zwei Jahre große, internationale Kongresse an renommierten amerikanischen und kanadischen Universitäten durchführt. Gerade die Wissenschaftlerinnen und Wissenschaftler aus Latein- und Südamerika weisen in ihren Beiträgen immer

5 Vgl. ASTA Freie Universität Berlin (2005).
6 Vgl. Müller (2010), Laudani (2016), Zwarg (2017).

wieder auf die anhaltende Relevanz Kritischer Theorie für ihre Analysen des globalen Kapitalismus und dessen Auswirkungen auf die fortschreitenden Probleme in ihren Ländern hin. Das zeigt sich besonders an der regelmäßigen Teilnahme brasilianischer Kolleginnen und Kollegen. Insofern ist es kein Zufall, dass der Anstoß für die Zusammenarbeit an dem hier vorliegenden Projekt von der letzten Marcuse-Tagung an der Universität von Salisbury (Maryland, USA) ausging. Bereits im Vorfeld der US-amerikanischen Publikation der *Paris Lectures* korrespondierte Jansen mit Ulf Andersen, von dem Fotos der Pariser Vorlesungen von 1974 stammen.

Neben der Aufarbeitung der Geschichte Kritischer Theorie gehört zu den heute anstehenden Aufgaben auch, die Vermittlung zwischen der Zeitzeugengeneration und denen herzustellen, für die Marcuses Analysen richtungsweisend sein können. Zur publizistischen oder theoretischen Praxis kommt daher notwendig auch die lehrende Vermittlung hinzu.

Im Vorfeld der Marcuse-Konferenz 2015, auf der die US-amerikanische Publikation der *Paris Lectures* vorgestellt wurde, kann in diesem Zusammenhang sowohl ein Seminar der Mitveranstalterin Sarah Surak – *Creating the Impossible: Utopian Political Theory* – als auch eine Kooperation zwischen Jansen und einem Seminar von Angela Siebold an der Universität Heidelberg genannt werden. Aus eigenen, gemeinsamen Seminaren zur Kritischen Theorie an der Universität Gießen können Doppler und Neupert-Doppler eine Erfahrung festhalten, die mit Marcuses Theorie in Verbindung gebracht werden kann: Niemand wird durch Kritische Theorie zum Rebellen, vielmehr ermöglicht Kritische Theorie den bereits kritisch Denkenden und politischen Aktivistinnen und Aktivisten eine Reflexion über den Sinn oder auch Unsinn ihres jeweiligen Protests und der darin enthaltenen Widersprüche. Ideologische Gewissheiten eines »linken« Fortschrittsglaubens sind längst obsolet. Neue Formen und Analysen radikaler politischer Opposition, die sich auch mit den sozialen Veränderungen durch die »Web 4.0-Gesellschaft« befassen, dringender denn je.

Dennoch sieht sich gerade die junge Generation in der Bundesrepublik zum einen mit einer zunehmenden Prekarisierung der Arbeitsverhältnisse, zum anderen mit bedrohlichen Abstiegsängsten konfrontiert. Im Sinne Marcuses könnte ein solches Unbehagen nur unter bestimmten Bedingungen in Protest umschlagen: »Es gibt keine Revolte und es gibt keine Revolution ohne qualitative Veränderungen im Bewusstsein, im Unbewussten, in den Trieben und Zielen der Menschen selbst. Aber das Bewusstsein und das Unbewusste, die Triebe, sind nicht ausreichend. Die objektiven Bedingungen müssen vorhanden sein, unter denen die subjektiven Tendenzen heranreifen und sich übersetzen können in organisierte und geleitete politische Praxis.«[7]

Dieser Fokus auf die objektiven Bedingungen verweist nicht nur auf den notwendigen gesellschaftlichen Reichtum, sondern auch auf die Krisenhaftigkeit einer Zeit. Aufgabe kritischen Bewusstseins bleibt es, nicht nur die multiplen Krisen der Gegenwart in den Blick zu nehmen, sondern sich auch aus dem subjektiven Konformismus herauszuarbeiten. Die Relevanz der utopischen Perspektive, die in Marcuses Schriften lebendig ist, hängt daher nicht ab von einem linearen Fortschrittsdenken, sondern von einem Bewusstsein für historische Gelegenheiten und politische Inventionsstrategien. Nicht eine bloß quantitative Vorstellung historischer Zeit, die im Altgriechischen mit dem Begriff des Chronos, unserer Chronologie, belegt ist, sondern ein Blick für qualitative Zeitmomente, was bei

7 Siehe Pariser Vorlesung 7 (*Kritisches Bewusstsein und Revolte*), S. 97.

den alten Griechen mit dem Begriff des Kairos ausgedrückt wird, wäre hier philosophisch geboten. Marcuse ist sich dessen bewusst, wenn er gegen den Konformismus die Idee der Antizipation hochhält: »Während das Bewusstsein der konformistischen Mehrheit, verstanden als die Macht, den objektiven Bedingungen entspricht, eilt das radikale Bewusstsein diesen objektiven Bedingungen weit voraus. Es erkennt Potenzial in den objektiven Bedingungen. Es antizipiert noch nicht realisierte Möglichkeiten.«[8]

Wie ein solches Möglichkeitsdenken philosophisch geerdet werden kann, führt Marcuse in seinen Pariser Vorlesungen von 1974 vor. Auch er nutzte dafür eine besondere Gelegenheit. Nicht zufällig handelte es sich beim Vincennes-Campus um eine Reform-Universität im Rahmen der Sorbonne, die neben offiziell eingeschriebenen Studierenden ebenso der allgemeinen Pariser Bevölkerung offenstand. Wie Douglas Kellner in seinem Nachwort zur amerikanischen Ausgabe der *Paris Lectures* hervorhebt, stellen Marcuses Vorträge, die zum Teil bis zu drei Stunden dauerten und in denen er immer wieder Zwischenfragen beantwortete, Kernpunkte seiner Theoriebildung dar. »Die Pariser Vorlesungen präsentierten Marcuses Schlüsselideen einer Periode im Kontext der politischen Kämpfe der 1970er und verweisen sowohl auf Kontinuitäten als auch Brüche gegenüber seinen Schriften der 1960er, in denen er auftrat als radikaler Kritiker und Fürsprecher des revolutionären sozialen und politischen Wandels.«[9]

So sehr Marcuse seinen Fragestellungen aus den 1960er Jahren treu bleibt, so ist er zugleich in der Lage, seine Thesen den jeweils aktuellen Entwicklungen anzupassen. Bezogen

8 Siehe Pariser Vorlesung 2 (*Die Ideologie der postindustriellen Gesellschaft*), S. 62.
9 Kellner (2015) in: Jansen/Reitz, S. 115.

auf die teilweise gängigen Vorurteile in der heutigen Kritischen Theorie, wonach Marcuse und Bloch in den 1960ern (und zum Teil 1970ern) die naiven Optimisten gegenüber dem Pessimismus von Adorno und Horkheimer gewesen wären, taugen Marcuses Pariser Vorlesungen als Gegenbeweis. Vor allem in den besonders langen letzten beiden Vorträgen bezieht er sich auch immer wieder auf empirisches wie statistisches Material, zum Beispiel zu dem, was er »Neue Arbeiterklasse« nennt, und führt methodisch vor, wie radikale Philosophie und qualitative Soziologie zusammengehen können. Er bemüht sich immer wieder darum, verbreitete Missverständnisse gegenüber seinen eigenen Texten auszuräumen. So kritisiert er durchaus nachdrücklich den revolutionären Voluntarismus der bereits zerfallenen Neuen Linken. Die neo- und alt-kommunistischen Varianten der zahlreichen K-Gruppen konnten mit Marcuses Kritik am klassischen marxistischen Determinismus längst nichts mehr anfangen. Sein Ausweg besteht immer wieder darin, den Zusammenhang von objektiven Gelegenheiten und subjektiver Sensibilität und rebellischer Subjektivität hervorzuheben. Die Präzision, mit der er stets auf diese Grundfrage seiner Philosophie zurückkommt, und zugleich die immense Bandbreite der behandelten Themen ist sicherlich durch die Situation einer Vortragsreihe ermöglicht, in der Marcuse die Gelegenheit nutzt, um auf Einwürfe zu reagieren, Aspekte assoziativ auszuführen und im besten Sinne öffentlich zu denken.

Sein Anspruch wird dabei besonders in der Ansprache an sein Publikum deutlich. Der Bogen wird gespannt von Marx und der Pariser Kommune über seine eigene Lebenszeit und den Pariser Mai hinaus in eine Zukunft, für die Marcuse eine sozialistische Revolution gerade nicht als Naherwartung zu behaupten wagt. »Ich denke, um wirklich global und erfolgreich zu sein, muss sie, wie Marx es vorhersah, im höchstentwickelten Industrieland der Welt auftreten, und zu ihrem Entstehen wird es einer Zeitspanne von 75 bis 150 Jahren bedürfen. Da haben Sie es. Wenn Sie diese Daten als optimistische Schätzung ansehen, zeigt es Ihnen nur, dass Sie noch einige Zeit haben, daran zu arbeiten, dass sie früher kommen wird. Einer Sache bin ich mir absolut sicher, dass, wenn Sie nicht jetzt dafür arbeiten, sie nicht in 75 Jahren kommen wird, sie nicht in 100 Jahren kommen wird, sie vielleicht überhaupt nicht kommen wird.«[10]

Indem Marcuse seine Zuhörenden als diejenigen anspricht, die bereits die Grundlagen für eine Veränderung legen sollen, die vielleicht erst gegen Mitte bis Ende des 21. Jahrhunderts kommen würde, spricht er sie als (welt-)historische Individuen an, denen er ein ungeheures, geradezu utopisches Geschichtsbewusstsein zu lehren versucht. Gerade in solchen direkten, persönlichen Äußerungen wird die Energie erahnbar, die seine Vorträge in ihrer Wirkung auf die unmittelbar Zuhörenden gehabt haben müssen. Aspekte, die er in schriftlichen Werken so vielleicht nicht formuliert hätte, auch wenn sie den Hintergrund seines Denkens ausmachen, werden hier öffentlich ausgesprochen.

Marcuse schreibt von Paris aus am 22. April an Leo Löwenthal: »My lectures here are a big success, but again much too large crowd.«[11] Die besondere Qualität, die er hier selbst anspricht, macht seine Pariser Vorlesungen zum eindimensionalen Menschen zu einer besonders wertvollen Quelle und zu einem sehr speziellen Lesevergnügen. Während sich der Text also, wie Kellner erwähnt, hervorragend für einen Einstieg in die Beschäftigung mit Marcuse eignet, da eine Vielzahl von Aspekten seines Werkes angesprochen

10 Siehe Pariser Vorlesung 4 (*Auflösung der Vaterfiguren*), S. 76.
11 Marcuse an Löwenthal (1974).

werden, so waren für die Präsentation der Vorträge als lesbarer Text doch auch einige Eingriffe stilistischer Art notwendig. So wurden bestimmte Wendungen, wie sie für mündliche Rede typisch sind, geglättet, sodass sie dem Lesefluss nicht im Weg stehen. In der vorliegenden Form sind die Pariser Vorlesungen nicht zuletzt sowohl als Textgrundlage für akademische Seminare als auch für selbstorganisierte Lesekreise geeignet.

So sehr also die Form der Pariser Vorlesungen selbst der Beschäftigung mit Marcuse förderlich sein kann, so ist es doch in erster Linie die Aktualität ihrer Inhalte, die eine Auseinandersetzung mit ihnen motivieren soll. Was Marcuse teilweise erst als Tendenzen erkennen konnte, namentlich die Formen einer neoimperialistischen Verlagerung der Produktion in Billiglohnländer, die autoritären Tendenzen in westlichen Demokratien, die bröckelnde Integration der Lohnabhängigen ins herrschende System, oder die Bedeutung der Frauenbewegung, sind heute angesichts der kapitalistischen Globalisierung, des autoritären Neo-Nationalismus, des Sozialabbaus und der Prekarisierung in den Industrieländern und des sexistischen Backslashs hoch aktuell. Grundsätzlich argumentiert Marcuse aus einer mehrdimensionalen und planetarischen Perspektive. Die behandelte Vielfalt der Widersprüche, etwa wenn er Naturverhältnisse oder rassistische Unterdrückung anspricht, stellt sich heute z. B. durch den Klimawandel und weltweite Migration, als Präsenz der Armut des globalen Südens im reichen Norden selbst, nur umso eindrücklicher dar. Was von Marcuse übernommen werden kann, ist seine Suche nach Verbindungen zwischen Krisen und Widersprüchen, Möglichkeiten und Akteurinnen und Akteuren.

Lisa Doppler, Peter-Erwin Jansen
und Alexander Neupert-Doppler

Um der Hoffnungslosen willen

Marcuses kritische Theorie der Praxis

Roger Behrens

»Menschen als Spezies stehen zwar seit Jahrzehntausenden am Ende ihrer Entwicklung; Menschheit als Spezies aber steht an deren Anfang.«

Walter Benjamin, *Einbahnstraße* (1928, S. 148)

Für Martin Jay
– und in Erinnerung an Leo Löwenthal (1900–1993)

Paralyse der Kritik

»Das es ›so weiter‹ geht, *ist* die Katastrophe.«

Walter Benjamin, *Das Passagen-Werk* (1991, S. 592)

Selbstverständlich wird heute vom »Globalen Kapitalismus« gesprochen, von seiner Allgegenwart ebenso wie von seinem – nahenden, wenn nicht absehbar bevorstehenden – Ende.[1] Allein, den Kapitalismus als Kapitalismus zu benennen – noch zu Beginn unseres Jahrhunderts eine geschmähte Vokabel, die auszusprechen einer (an Marx orientierten) Kritik der Politischen Ökonomie vorbehalten blieb –, gehört längst zum guten Ton öffentlicher Debatten über den

1 So etwa Mason, *Postkapitalism* (2016); ökonomiekritisch wesentlich fundierter: Altvater, *Das Ende des Kapitalismus, wie wir ihn kennen* (2011).

Zustand der Welt:[2] ohne Weiteres ist von Krise beziehungsweise Krisen die Rede, zahllose Bücher, Reportagen und Berichte dokumentieren das Elend, die Not, die Ungerechtigkeit und Ungleichheit, den Terror, dokumentieren ebenso das moralische, rechtliche, politische und wirtschaftliche Versagen der »westlichen«, »wohlhabenden« und »reichen« Gesellschaften,[3] schließlich den Rechtsruck, die populistische Reaktion und die autoritäre Revolte.[4] – Wie schon im vergangenen Jahrhundert ist das Inhumane die politische und ökonomische Signatur auch des 21. Jahrhunderts; schon vor zehn Jahren warnte der ansonsten mit geschichtlichen Prognosen zurückhaltende Physiker Stephen Hawking, dass die Menschheit die nächsten einhundert Jahre auf diesem Planeten nicht überleben werde.[5]

Gleichwohl: Im Angesicht der Katastrophe wird eben diese Katastrophe doch allenthalben – mal mehr, mal weniger luzide, mal mehr, mal weniger radikal – kritisiert. Von

2 Vgl. den Bestseller von Piketty: *Das Kapital im 21. Jahrhundert* (2014). Vgl. dazu kritisch: Bischoff und Müller (2014) sowie: Kaufmann und Stützle (2014).

3 Vgl. aktuell: Nachtweys *Die Abstiegsgesellschaft* (2016). Lesenswert, um nur einen weiteren Titel zu nennen: Trojanows *Der überflüssige Mensch* (2015); spätestens in diesem Zusammenhang ist wenigstens zu erwähnen Stéphane Hessels Pamphlet *Empört Euch!* (2011); im Kontrast dazu freilich: *Der kommende Aufstand* (Unsichtbares Komitee, 2010). Hirsch (2011) sprach von »Aufstandsphantasien«: »Man könnte sich also fragen, ob der Text nicht auch ein Ausdruck der in alle Winkel der Gesellschaft hinein gedrungenen ideologischen Hegemonie des Neoliberalismus ist.«

4 Vgl. aktuell die in über zehn Ländern gleichzeitig erscheinende, von Heinrich Geiselberger herausgegebene Sammlung *Die große Regression* (2017). Einschlägig ist die fulminante Studie von Volker Weiß, *Die autoritäre Revolte* (2017). Außerdem lesenswert: Manfred Sohn, *Falsche Feinde* (2017). Eine gute polemische Streitschrift zur USA mit und nach Trump liefert Georg Seeßlen mit *Trump! Populismus als Politik* (2017).

5 Hawking (2006): »In a world that is in chaos politically, socially and environmentally, how can the human race sustain another 100 years?«.

einer »Paralyse der Kritik«, die Herbert Marcuse vor einem halben Jahrhundert einleitend in seinem *Eindimensionalen Menschen* (1964, dt. Übersetzung von Alfred Schmidt 1967) diagnostizierte, kann also augenscheinlich gar keine Rede sein. Widerspricht das insofern Marcuses Analyse von einem »korporativen Kapitalismus«[6], der eine Gesellschaft durchherrscht, in der die Menschen auf allen Ebenen in einer Logik der Eindimensionalität derart verfangen sind, dass sie eben diese Logik beständig stützen, reproduzieren und sogar optimieren? Marcuse deutete die »Paralyse der Kritik« nicht nur als Mangel oder Schwäche einer kritischen Theorie, sondern als (politisches) Problem der Praxis: Anfang der sechziger Jahre sprach Marcuse konsequent, zumal im Spiegel der konsumkapitalistischen Verhältnisse in den USA, von einer »Gesellschaft ohne Opposition«. *Demgegenüber ist jede Kritik wie paralysiert.*

Neue Sensibilität

Doch bereits als der *One-Dimensional Man* 1964 bei Beacon Press in Bosten erschien, zeichnete sich eben jene »Übersetzung« ab,[7] die Marcuse als notwendig für die Einrichtung einer menschlichen Gesellschaft, also die Befreiung und Befriedung des Daseins herausstellte: Es konstituierten sich politische Bewegungen, es politisierten sich kulturelle Bewegungen – die bisher Ausgegrenzten und Marginalisierten,

6 Vgl. Marcuse (2004/1969), S. 241 sowie S. 307.

7 Vgl. Marcuse (2014/1967), S. 245 f.; vgl. auch mein Buch *Übersetzungen* (2000). Vgl. Pariser Vorlesungen, S. 55: »Was [...] in dem Prozess des Aushandelns neuer sozialer Beziehungen auf dem Spiel steht, ist die radikale Transformation aller grundlegenden Werte der westlichen Zivilisation. Eine radikale Umwandlung aller grundlegenden Werte der westlichen Zivilisation, [...]« Vgl. ferner Marcuse (2009/1979b), S. 158.

die Diskriminierten und Erniedrigten, die von Rassismus, Sexismus, politischer (also staatlicher) Willkür Betroffenen rebellierten, revoltierten, fingen an, sich zur Wehr zu setzen. Und sie erprobten dies mit bis dahin unbekannten, völlig neuen Formen wie Inhalten des Protests. Es war ein Protest nicht nur gegen Ausbeutung und Unterdrückung, gegen den Krieg (ab 1964: Vietnam-Krieg) und Diktatur (ebenfalls ab 1964: Militärregierung in Brasilien), gegen Hunger und Elend (1967 ff.: Biafra-Konflikt), sondern es war auch ein Protest *für*, nämlich *für ein besseres Leben, für ein schönes Leben, für ein richtiges und gutes Leben*, und überdies ein Protest *für alle*. Was dann in Paris im Mai 1968 seinen Höhepunkt fand, war zugleich die menschheitsgeschichtlich erste Situation (die, überschattet vom Franco-Faschismus, im »kurzen Sommer der Anarchie« in Katalonien 1936 einen Vor-Schein hatte)[8], in der eine Revolution sich nicht als äußerste Verzweiflungstat ergab,[9] sondern als möglicher Schritt von der Vorgeschichte in die wirkliche, von Menschen für Menschen unter menschlichen Bedingungen gemachte, selbst bestimmte Geschichte.[10]

8 Vgl. Enzensberger (1972).

9 Eine »Verzweiflungstat« nannte Werner Pomrehn die Oktoberrevolution: Millionen hungernder Bauern, Männer, Frauen, Kinder, hatten nur die Revolution als einzige Möglichkeit, überhaupt zu überleben; vgl. Pomrehn (2007), S. 17. Inwiefern aber auch die Proteste der 1960er von Verzweiflung gekennzeichnet seien, hat Hannah Arendt in *Macht und Gewalt* beschrieben: »Das Allerbedenklichste an den Bewegungen in Westeuropa und Amerika ist eine eigentümliche Verzweiflung, die in ihnen steckt, als ob sie schon wüssten, dass sie zusammengeschlagen werden. Und als ob sie sich sagen: wir wollen es wenigstens provoziert haben, zusammengeschlagen zu werden: wir wollen nicht auch noch unschuldig sein wie die Lämmer. Es ist etwas von Amoklaufen in diesen bombenwerfenden Kindern.« (Arendt 1970, S. 112).

10 Vgl. insgesamt die Beiträge in den *Nachgelassenen Schriften Band 4*, Marcuse (2004).

Die Revolte, die revolutionäre Protestbewegung, der Pariser Mai 68, hatte freigesetzt, für einen historischen Moment wenigstens, was Marcuse mit dem Begriff der »neuen Sensibilität« umschrieb: »Die neue Sensibilität ist zum politischen Faktor geworden ... Die neue Sensibilität, die den Sieg der Lebenstriebe über Aggressivität und Schuld ausdrückt, würde im gesellschaftlichen Maßstab das vitale Bedürfnis nach Abschaffung von Ungerechtigkeit und Not fördern ... Die neue Sensibilität ist eben deswegen Praxis geworden; sie entsteht *gegen* Gewalt und Ausbeutung, in einem Kampf für wesentlich neue Weisen und Formen des Lebens; sie impliziert die Negation des gesamten Establishments, seiner Moral, seiner Kultur; die Behauptung des Rechts, eine Gesellschaft zu erreichten, in der die Abschaffung von Armut und Elend Wirklichkeit wird und das Sinnliche, das Spielerische, die Muße Existenzformen und damit zur *Form* der Gesellschaft selbst werden.«[11]

Zwei einander widersprechende Hypothesen

> »Bis heute realisieren die Utopien sich bloß, um den Menschen die Utopie auszutreiben und um sie aufs Bestehende und aufs Verhängnis desto gründlicher zu vereidigen.«
>
> Adorno (1953, S. 517)

Doch auch diese Revolution scheiterte, die Revolte wurde niedergeschlagen, hatte – trotz ihrer weltweiten Aktionen – mit ihrem Antiautoritarismus keine Kraft gegen die Gewalt des herrschenden Autoritarismus. Und mehr noch: Die vitalen Bedürfnisse der Revolte konnten soweit

11 Marcuse (2004/1969), S. 261 f. Außerdem in diesem Buch: *Die »entfremdete Arbeit« durch Kreativität ersetzen* (Schlusssatz), S. 128.

entschärft werden, dass sie halfen, die gesellschaftliche Ordnung zu sichern, statt sie emanzipatorisch zu verwandeln. Die gesellschaftliche Entwicklung, die daraus folgte, haben Luc Boltanski und Ève Chiapello als den »Neuen Geist des Kapitalismus« ausgemacht: dass der Kapitalismus alle menschlichen Kräfte, auch und gerade diejenigen, die gegen ihn – in destruktiver wie emanzipatorischer Absicht – gerichtet sind, *integrieren* kann, und zwar so, dass diese Kräfte nicht einfach entschärft werden, sondern sogar zur Stabilisierung und »Verbesserung« der kapitalistischen Gesellschaft »funktionalisiert« werden können; kurzum: Antikapitalistische Kräfte werden in Kräfte des Kapitalismus verwandelt. Dass sich derart ein regelrecht *neuer* Geist des Kapitalismus verfestigt, verorten Boltanski und Chiapello in den 1970er Jahren: Hier wird – um es diskursanalytisch zu sagen – ein Dispositiv der »Sozialkritik« (definiert durch die Verteidigung von Gleichheit und Solidarität) durch ein Dispositiv der »Künstlerkritik« (definiert durch die Forderung nach Selbstbestimmung und Authentizität) abgelöst; es etablieren sich Protestformen, die als Kritik am Kapitalismus gleichzeitig zum Engagement für den Kapitalismus werden.[12]

Dass Marcuse in seinen Pariser Vorlesungen das dynamische Verhältnis von »Kapitalismus und Opposition« in ähnlicher Weise beschreibt, ist mehr als bloß eine zeitliche Koinzidenz; zentrale Aspekte der Analyse von Boltanski und Chiapello antizipiert Marcuse, wenn er 1974 sagt, »dass diese Integration, diese verbreitete Unterstützung«

12 Vgl. Chiapello und Boltanski, *Der neue Geist des Kapitalismus* (2003). Vgl. dazu meine Anmerkungen in: Behrens (2012), S. 72. Ähnlich wie Boltanski und Chiapello schreibt Otto Karl Werckmeister über die *Zitadellenkultur* (1989). Nicht unerwähnt bleiben sollte, dass Marcuse ähnliche Bewusstseinslagen bereits als »deutsche Mentalität« für die NS-Gesellschaft herausstellte (2007).

der Menschen für ein ihren objektiven Interessen – Überleben, und dies womöglich auch angenehm, erfüllt, glücklich – widersprechendes System »auf einer breiten materiellen und kulturellen Basis begründet ist. Anders gesagt handelt es sich sicherlich nicht nur um ein rein ideologisches Phänomen. Sie hat [...] eine starke materielle Basis.«[13]

In den 1970ern bewegt sich Marcuse weiterhin zwischen den Optionen, die durch »zwei einander widersprechenden Hypothesen« markiert sind, die er bereits im *Eindimensionalen Menschen* skizzierte:

»1. dass die fortgeschrittene Industriegesellschaft imstande ist, eine qualitative Änderung für die absehbare Zukunft zu unterbinden;

2. dass Kräfte und Tendenzen vorhanden sind, die diese Eindämmung durchbrechen und die Gesellschaft sprengen können.

Ich glaube nicht, dass eine klare Antwort gegeben werden kann. Beide Tendenzen bestehen nebeneinander – und sogar die eine *in* der anderen. Die erste Tendenz ist die herrschende, und alle Vorbedingungen eines Umschwungs, die es geben mag, werden benutzt, ihn zu verhindern. Vielleicht kann ein Unglück die Lage ändern, aber solange nicht die Anerkennung dessen, was getan und was verhindert wird, das Bewusstsein und Verhalten des Menschen umwälzt, wird nicht einmal eine Katastrophe die Änderung herbeiführen.«[14]

Noch 1974 – also zehn Jahre nach dem *Eindimensionalen Menschen* – war nicht entschieden, ob eine Große Weigerung sich Bahn bricht, oder »uns« die Hoffnung »nur um der Hoffnungslosen willen« gegeben ist. Es ist – gerade

13 Siehe Pariser Vorlesungen, S. 65.
14 Marcuse (2014/1967), S. 17.

im Versuch der Aktualisierung[15] – noch keineswegs ausgemacht, welche »Tendenzen« sich durchsetzen werden. Dies als praktische Frage nach den Bedingungen der Möglichkeit von Emanzipation zu begreifen, ist Aufklärung als kritische Theorie der Gesellschaft, von der Marcuse handelt.

Theorie und Praxis

> »Alles, was dem Leben, besonders dem glücklichen Leben, dient, ist gut. Reduktion der repressiven Erlebens- und Lebensbedingungen ist schließlich das Ziel der erotischen Instinkte [...] Das Kriterium ist das, was lebensbejahend ist, was der Entfaltung menschlicher Fähigkeiten, menschlichen Glücks und Friedens dient.«
>
> Marcuse (1971, S. 428 und S. 436)

»Ich verstehe unter ›Theorie‹ die Marxsche Theorie und unter ›Praxis‹ die (im Sinne der elften *Feuerbach-These*) weltverändernde Praxis«,[16] definiert Marcuse 1974 in einem Vortrag über *Theorie und Praxis*. Die letzte der elf sogenannten *Thesen über Feuerbach* ist berühmt wie berüchtigt: »Die Philosophen haben die Welt nur verschieden *interpretiert*, es kömmt drauf an, sie *zu verändern*.«[17] Philosophische Interpretation muss zur politischen Verände-

15 Zum Begriff der Aktualisierung vgl. Benjamin, *Das Passagen-Werk* (1991), S. 574: »Es kann als eines der methodischen Objekte dieser Arbeit angesehen werden, einen historischen Materialismus zu demonstrieren, der die Idee des Fortschritts in sich annihiliert hat. Gerade hier hat der historische Materialismus alle Ursache, sich gegen die bürgerliche Denkgewohnheit scharf abzugrenzen. Sein Grundbegriff ist nicht Fortschritt, sondern Aktualisierung.«

16 Marcuse (2004/1974), S. 143.

17 Marx (1845), S. 7.

rung werden,[18] weil die Welt notwendig verändert werden muss, soll sie nicht untergehen; und das ist nicht nur Aufgabe »der Philosophen«, sondern Beruf aller Menschen, um der Menschheit willen. In dieser Notwendigkeit wird verändernde Praxis zur Signatur der kritischen Theorie; denn solche kritische Theorie ist ein soziales Verhältnis, das über diese soziale Verhältnismäßigkeit sich reflexiv und radikal aufzuklären versucht, und insofern ihrem *theoretisch* emphatischen Begriff von Kritik nach *immer schon praktisch* ist.[19] Gerade Marcuse hat das in seinem Begriff einer kritischen Theorie hervorgehoben.

Kritische Theorie ist kritische Theorie der Gesellschaft; ihre Grundlegung ist die Kritik der politischen Ökonomie. Kants Begriff der Aufklärung und Kritizismus, Hegels Logik und Theorie der bürgerlichen Gesellschaft, Marx' historischer Materialismus und Freuds Psychoanalyse sind die Fundamente der kritischen Theorie, wie Max Horkheimer sie 1937 begrifflich bestimmte: die kritische Theorie steht einer traditionellen Theorie gegenüber, die sie zugleich, in ihrem kritischen Potenzial, das in ihr idealistisch verfangen bleibt, in der materialistischen Verwirklichung der idealistischen Begriffe aufhebt und eben als *kritische* Theorie

18 Marcuse: »Philosophie wird Politik, weil kein philosophischer Begriff mehr gedacht und entfaltet werden kann, ohne dass er die Unmenschlichkeit in sich aufnimmt, die heute von den Regierenden organisiert und von den Regierenden akzeptiert wird. In der politisch gewordenen Philosophie wird die existentialistische Grundkonzeption gerettet durch das Bewusstsein, das dieser Realität den Kampf ansagt – in dem Wissen, dass die Realität Sieger bleibt. Wie lange? Die Frage, auf die es keine Antwort gibt, ändert nichts an der Gültigkeit der Position, die für den Denkenden heute die einzig mögliche ist.« Marcuse (2004/1948), S. 40. Marcuse hat diese Forderung, Philosophie in Politik zu verwandeln, 1955 in *Triebstruktur und Gesellschaft* (2004/1955) verstärkt; siehe vor allem auch das *Politische Vorwort* (2002/1966).

19 Zum Begriff »Verhältnis« siehe Marx und Engels (1846), S. 29 ff.

fortsetzt.[20] Diese an die Theorie rückgekoppelte Dialektik von Aufhebung und Verwirklichung[21] begründet kritische Theorie als ein *gesellschaftliches Verhalten*.[22] Horkheimer und Marcuse haben das in ihrem zweiteiligen Essay *Philosophie und kritische Theorie* ausgeführt (jeder zeichnet für einen Teil verantwortlich),[23] inwiefern sich damit der Begriff und der Status von Theorie selbst verändert: indem kritische Theorie einerseits die »idealistischen« Abstraktionen der Theorie als konkrete Praxis beziehungsweise praktische Konkretion *begreift*, indem sie andererseits die Theorieproduktion als vergesellschaftete und gesellschaftliche Wissenschaft und Wissenschaft als vergesellschaftete und gesellschaftliche Theorieproduktion fasst.[24]

Diese Spannung, dass die kritische Theorie der Gesellschaft mit ihrer gesellschaftlichen Gebundenheit vermittelt zu begreifen ist und deshalb notwendig auf ihre Bedingungen der Möglichkeit von Kritik reflektieren muss, hat Marcuse im *Eindimensionalen Menschen* zeitgemäß vergegenwärtigt:

20 Vgl. Horkheimer (1980/1937a).

21 Vgl. dazu: Marx (1844b), S. 384 f.

22 Vgl. Horkheimer (1980/1937a, S. 261): »Es gibt nun ein menschliches Verhalten, das die Gesellschaft selbst zu seinem Gegenstand hat [...] Dieses Verhalten wird im folgenden als das ›kritische‹ bezeichnet. Das Wort ist hier nicht so sehr im Sinn der idealistischen Kritik der reinen Vernunft als in dem der dialektischen Kritik der politischen Ökonomie gemeint. Es bezeichnet eine wesentliche Eigenschaft der dialektischen Theorie der Gesellschaft.«

23 Vgl. Horkheimer und Marcuse, *Philosophie und kritische Theorie* (1980/1937b).

24 Als akademisches Zerrbild erscheint die »Kritische Theorie« demnach immer nur als ein »interdisziplinärer« Arbeitszusammenhang namens »Frankfurter Schule«. Dagegen: Behrens, *Bemerkungen zur Aktualität der kritischen Theorie* (2007), S. 49; dazu: Horkheimer, *Bemerkungen über Wissenschaft und Krise* (1980/1932), S. 1 ff. sowie: Marcuse (2009/1969).

»Von Anbeginn steht damit jede kritische Theorie der Gesellschaft dem Problem historischer Objektivität gegenüber, einem Problem, das an den beiden Stellen aufkommt, an denen die Analyse Werturteile einschließt:

1. das Urteil, dass das menschliche Leben lebenswert ist oder vielmehr lebenswert gemacht werden kann oder sollte. Dieses Urteil liegt aller geistigen Anstrengung zu Grunde; es ist das *Apriori* der Gesellschaftstheorie, und seine Ablehnung (die durchaus logisch ist) lehnt die Theorie selbst ab;

2. das Urteil, dass in einer gegebenen Gesellschaft spezifische Möglichkeiten zur Verbesserung des menschlichen Lebens bestehen sowie spezifische Mittel und Wege, diese Möglichkeiten zu verwirklichen. Die kritische Analyse hat die objektive Gültigkeit dieser Urteile zu beweisen, und der Beweis muss auf empirischem Boden geführt werden. Der etablierten Gesellschaft steht eine nachweisbare Quantität und Qualität geistiger und materieller Ressourcen zur Verfügung. Wie können diese Ressourcen für die optimale Entwicklung und Befriedigung individueller Bedürfnisse und Anlagen bei einem Minimum an schwerer Arbeit und Elend ausgenutzt werden? Die Gesellschaftstheorie ist eine historische Theorie, und die Geschichte ist das Reich der Notwendigkeit. Daher ist zu fragen: welche unter den verschiedenen möglichen und wirklichen Weisen, die verfügbaren Ressourcen zu organisieren und nutzbar zu machen, bieten die größte Chance einer optimalen Entwicklung?«[25]

Diese Frage ist nicht positiv zu beantworten, sondern negativ: Dieselben Kräfte der technologischen Rationalität, die Herrschaft, Elend und Leid vermehren, können auch die Kräfte sein, die eine Befreiung und Befriedung des Daseins bedingen. Die Logik des Fortschritts, die daraus resultiert, ist fatal und pervers: Auschwitz und Hiroshima bedeuten

25 Marcuse (2014/1967), S. 12 f.

einen grausamen Höhepunkt der Dialektik der Aufklärung; trotzdem ging das Morden weiter, hat es Genozid gegeben, nicht nur in Kambodscha und Ruanda, und ein Ende des Terrors ist – seit der IS wütet – nicht abzusehen. Und dennoch: Die Lebensverhältnisse im zwanzigsten Jahrhundert haben sich verbessert, nicht nur für die Bevölkerungen in den westlichen Industrienationen. Doch die Zahlen sind zynisch: In den 1980er Jahren starb alle zwei Sekunden ein Kind an Unterernährung; ist es nicht obszön, wenn es ein Fortschritt sein soll, dass heute »nur noch« alle zehn Sekunden ein Kind verreckt, weil ihm das Nötigste fehlt? Es sterben weniger Menschen in Kriegen als früher; aber es gibt Kriege, und das Töten, Morden, Verstümmeln, Vergewaltigen geht weiter. Naturkatastrophen – Erdbeben, Wirbelstürme, Überschwemmungen, Epidemien – sind heute immer auch soziale Katastrophen:[26] Die internationale Gemeinschaft hilft, und dennoch bieten die Krisengebiete ein schreckliches Bild, geprägt von unterlassener Hilfeleistung. Die ökologische Zerstörung wird eingedämmt, gleichwohl: Die Umwelt *ist* zerstört; regenerative Maßnahmen müssen nicht nur für die Zukunft wirksam sein, sondern *jetzt sofort* die Natur wiederherstellen.

Der rationale Charakter der Irrationalität

Die grausame, perfide, weil sowohl das gute Leben wie das elende Sterben bedingende, Logik der Geschichte ist zum Schicksal geronnen, »objektiv«. Es braucht ein historisches, ein revolutionäres Subjekt, um diese Logik aufzuklären, um dieses Schicksal zu bezwingen; solche Aufklärung

26 Vgl. dazu Marcuses Vortrag *Ökologie und Gesellschaftskritik* (2009/1979a).

ist notwendig Selbstaufklärung, und derart das Schicksal zu bezwingen, heißt, sich seine verhohlene Lebensgeschichte wieder anzueignen. Es geht ebenso um die Menschheitsgeschichte wie um die Individualgeschichte; dass vom Leben der Einzelnen das Leben aller abhängt, macht den besonderen Charakter der Revolution aus, die heute ins Auge gefasst werden muss, um die Gewalt des Zusammenhangs zu durchbrechen. Für die kritische Theorie der Praxis bedeutet das, dass kein historisches Subjekt sich unmittelbar aus den objektiven Strukturen ergibt – außer die Menschheit, der Mensch selbst.

Marcuse hat darauf hingewiesen:[27] Zwar ist die Arbeiterklasse *an sich* das revolutionäre Subjekt, *für sich* ist sie es aber nicht; in ihren Interessen (»Klasseninteresse«) und Kämpfen (»Klassenkampf«) ist sie in die bestehende Ordnung längst integriert, dass es für sie – als Proletariat, also als Kollektiv – keinen Grund gibt, um einzelne Lebensverhältnisse zu verbessern, den Kapitalismus als Ganzes infrage zu stellen und die Welt zu verändern.[28]

»Die Transzendenz der bestehenden Bedingungen (von Denken und Handeln) setzt Transzendenz innerhalb dieser Bedingungen voraus.«[29] Das historische Subjekt repräsentiert diese Transzendenz: Die Überschreitung der bestehenden Verhältnisse ist auch eine Selbstüberschreitung; das historische Subjekt konstituiert sich überhaupt erst in der

27 Vgl.: Marcuse (2014/1967), S. 1 ff.; vgl. insgesamt zu dieser Frage Stephan Bundschuhs Studie *»Und weil der Mensch ein Mensch ist ...«* (1998).

28 Insofern kann das revolutionäre Subjekt *für* sich nicht einfach in ein revolutionäres Subjekt *an* sich zurückverwandelt werden; diese Figur bestimmte allerdings die Debatten um 1970 (vgl. Jaeggi 1973); Marcuse hebt sich in seiner kritischen Theorie der Praxis jedoch in diesem Punkt von der »Klassenfrage« ab und geht darüber hinaus.

29 Marcuse (2014/1967), S. 235.

(Selbst-) Auseinandersetzung mit der (eigenen) Geschichte – und zugleich wird es damit geschichtlich handlungsfähig. Marx hat das benannt: »Das Zusammenfallen des Änderns der Umstände und der menschlichen Tätigkeit oder Selbstveränderung kann nur als *revolutionäre Praxis* gefasst und rationell verstanden werden.«[30]

Aber auch das unmittelbar notwendige historische Subjekt revolutionärer Praxis ist nicht notwendig revolutionär: Mensch und Menschheit sind auf ihre Geschichte zurückgeworfen, auf die sie insofern keinen Zugriff haben, als dass sie ihnen so abstrakt (»unwirklich«) erscheint wie sie selbst (»Was ist schon angesichts der Vielfalt menschlichen Lebens eine konkrete Bestimmung *des* Menschen?). Solche Abstraktion ist nicht nur falsche Abstraktion, sondern zugleich gesellschaftlich notwendige Abstraktion, um als Mensch niemals als Mensch in Aktion zu treten, sondern in den entsprechend sozialisierten Rollen (Konsument, Bürger, Frau, Mann, »Individuum« etc.); eine gesellschaftlich notwendige Abstraktion, die überdies viel, ja *wesentlich* notwendiger erscheint als die Notwendigkeit, die Erde vor der menschengemachten Vernichtung zu bewahren und so die Menschheit selbst zu retten. Dass das naiv klingt, obwohl es das dringlichste wäre, verweist auf einen »der beunruhigendsten Aspekte der fortgeschrittenen industriellen Zivilisation [...]: de[n] rationalen Charakter ihrer Irrationalität.«[31]

30 Marx (1845), S. 6.

31 Marcuse (2014/1967), S. 29.

Es geht ums Ganze

> »Dies ist die Ausprägung des Widerspruchs im 20. Jahrhundert. Auf der einen Seite die steigende Produktion von Gütern, die ein Reich der Freiheit, Freude und kreativer Betätigung schaffen könnte. Auf der anderen Seite die Aufrechterhaltung der Mühen und entfremdeter Arbeit, um diese Güter zu erwerben und zu verkaufen und in Freiheit zu genießen.«
>
> Marcuse, *Pariser Vorlesungen*, S. 92

Das Verhältnis von »Kapitalismus und radikaler Opposition« ist ein dialektisches Verhältnis, das Marcuse in seinen Pariser Vorträgen in Begriffen des historischen Materialismus expliziert. 1974 ist Marcuse an der Universität Vincennes, zehn Jahre zuvor erscheint *Der eindimensionale Mensch*: Die in diesem Buch anvisierten historischen Möglichkeiten bestimmen die gegenwärtige Wirklichkeit dieser zehn Jahre von Mitte 1960er bis Mitte 1970er – eine Wendezeit, die beides war: eine revolutionäre Situation und eine »Kette von Begebenheiten«.[32] Wie Marx mit seinen Pariser Manuskripten – den sogenannten *Ökonomisch-philosophischen Manuskripten* von 1844 (auf die ja im Übrigen Marcuse 1932 als einer der ersten rezipierend reagiert, was nicht nur seine eigenen Schriften nachhaltig bestimmt)[33] –, bezeichnet auch Marcuse mit seinen Vortragsüberlegungen zum Verhältnis von Kapitalismus und radikaler Opposition eine geschichtliche, um nicht zu sagen: weltgeschichtliche Kulmination.

32 Walter Benjamin notiert über den »Engel der Geschichte«: »Wo eine Kette von Begebenheiten vor uns erscheint, da sieht er eine einzige Katastrophe, die unablässig Trümmer auf Trümmer häuft und sie ihm vor die Füße schleudert.« Benjamin (1991/1940), S. 697.
33 Vgl. Marcuse (2004/1932), S. 509–555.

Die zehn Jahre von 1964 bis 1974 sind die grausamen Jahre des Vietnamkriegs, es sind die unheilvollen Jahre der chinesischen Kulturrevolution; es sind die Jahre, in denen in Argentinien, Chile, Brasilien der Militär-Terror herrscht; in Europa regiert in Spanien noch immer Franco (ökonomisch das Land für den Massen- und Pauschaltourismus öffnend); der sozialökonomische Wandel vom Fordismus zum Postfordismus charakterisiert die fortgeschrittene Industriegesellschaft, die durch Automatisierung und Rationalisierung der Produktion gekennzeichnet ist, schließlich auch durch Computerisierung und Digitalisierung – mithin eine Informationslogik, die mehr und mehr auch in das Alltags- und Freizeitleben eindringt (Elektronik und Mikroelektronik bestimmen zunehmend die Apparate und Gadgets der Unterhaltung).

In seinen Pariser Vorlesungen wendet sich Marcuse gegen Konzepte wie das der »postindustriellen Gesellschaft« (bekannt geworden vor allem durch Daniel Bell; fünf Jahre nach Marcuse, 1979, hat allerdings Jean-François Lyotard diesen soziologischen Befund aufgenommen und mit ihm den gesellschaftskritischen Begriff der Postmoderne geprägt).[34]

Marcuse kann seinerzeit, inmitten der noch offenen »Dialektik der Befreiung«[35] und trotz der »Konterrevolution«, noch auf die Möglichkeit der Revolte hoffen, die wenigstens die *Idee* einer Welt jenseits des Kapitalismus lebendig hält. Gerade die Postmoderne, die als allgemeine Ideologie seit den späten 1970ern das soziale Lagebewusstsein – wenn auch diffus – bestimmt, bringt hier einen

34 Vgl. Lyotard (1994/1979).

35 Vgl. den von D. Cooper herausgegebenen Band *Dialektik der Befreiung* (1969); der Band dokumentiert Vorträge einer Londoner Konferenz, an der auch Marcuse teilnahm (vgl. Marcuse 1969).

gravierenden Einschnitt: Fredric Jameson hatte darauf in den 1980ern hingewiesen, Slavoj Žižek hat es später wieder aufgegriffen – und Mark Fisher hat daran erinnert: »Es ist einfacher, sich das Ende der Welt vorzustellen als das Ende des Kapitalismus.« Der Kapitalismus erscheine nunmehr als »das einzig gültige politische und ökonomische System«; es sei, so Fisher, »mittlerweile fast unmöglich geworden [...], sich eine kohärente Alternative dazu überhaupt *vorzustellen.*«[36] Der Kapitalismus habe sich endgültig als »Realismus« erwiesen: ein Realismus ohne Alternative; anders gesagt: Der Kapitalismus sei eine Wirklichkeit, die keine Möglichkeit mehr kennt.

Richtig daran ist, dass der Kapitalismus eine Wirklichkeit darstellt, die alle verfügbaren Möglichkeiten, alle Alternativen also, als immanentes Angebot liefert; es ist überhaupt nicht nötig, sich eine Welt jenseits der Prinzipien von Verwertungslogik, Lohnarbeit (und ohnehin sinnloser und überdies krankmachender Arbeit), als »frei« verkaufter Marktungleichheit, Leistungszwang und dergleichen vorzustellen, weil die Vorstellungen von »Alternativen« und »Möglichkeiten« innerhalb des Kapitalismus vollends – und das meint auch: allein schon als Vorstellung – befriedigend sind. Mit anderen Worten: Es gibt offenbar kein vitales Bedürfnis nach einem Leben jenseits der bestehenden Verhältnisse.[37] Marcuse hatte darauf schon 1964 hingewiesen: »Was heute geschieht, ist nicht die Herabsetzung der höheren Kultur zur Massenkultur, sondern die Widerlegung dieser Kultur durch die Wirklichkeit. Diese übertrifft ihre Kultur.«[38]

36 Fisher (2013), S. 8 und passim.

37 Zum Komplex »Bedürfnis« bei Marcuse vgl. Neupert-Doppler (2015), S. 99 ff. Vgl. ebenso: Behrens (2014), S. 9 f.

38 Marcuse (2014/1967), S. 76. Vgl. dazu auch: Marcuse (1980/1967a).

Eine Vorstellung vom Ende des Kapitalismus, die eine Gesellschaft entwirft, die, einmal über den Kapitalismus hinaus entwickelt, dem menschlichen Leben und Zusammenhalt, eine gänzlich neue Qualität verleiht, weil Mensch und Menschheit in ihrem Bewusstsein der Freiheit sich in konkreter Weise neu erfinden können, – eine solche Vorstellung ist, angesichts selbst der gegenwärtigen Virulenz ökonomischer und sozialer Krisen, die strukturell mit dem Kapitalismus zu tun haben, schlichtweg *unsinnig*.

Die Situation ist paradox: Die Kritik am Kapitalismus füllt Regalmeter um Regalmeter in den Buchhandlungen, in öffentlichen Debatten wird allenthalben über das Ende des Kapitalismus diskutiert (zumindest ist die Formel vom Ende des Kapitalismus freimütig im Umlauf), aber nicht mit der Konsequenz, dass die Kritik zugleich über diesen Kapitalismus hinausweisen muss. So werden sämtliche Gegensätze (»Widersprüche«), die eigentlich die revolutionären Tendenzen des Systems bezeugen könnten, soweit identifiziert (also: »gleichgemacht«), dass überhaupt kein Außen gedacht werden kann. »Die moderne Industriegesellschaft ist die durchgehende Identität dieser Gegensätze – es geht ums Ganze. Zugleich kann die Stellung der Theorie nicht eine bloße Spekulation sein. Sie muss insofern eine historische Stellung sein, als sie in den Fähigkeiten der gegebenen Gesellschaft begründet sein muss.«[39]

39 Marcuse (2014/1967), S. 13.

Die Fantasie an die Macht

»L'imagination au pouvoir!«

Parole der Pariser Studenten, Mai 1968[40]

»Lieber Herr Adorno, in Paris ist die physische Luft verpestet, die intellektuelle Luft aber ist reiner denn je. Man lebt in einer Art Rauschzustand [...] Die Situationisten sind ins *Théatre de France* am Odeon eingedrungen. Dort flattern jetzt eine schwarze und eine rote Fahne. ›L'imagination a pris le pouvoir‹ erklären sie. Barrault musste abtreten. Stattdessen diskutieren dort Schauspieler, Neugierige und Studenten die kulturelle Revolution [...] Ach, wenn doch die ›attraction‹ endlich auch einmal den Seelenhaushalt der ordnungsliebenden Deutschen durcheinanderbrächte!«

Elisabeth Lenk, Brief an Theodor W. Adorno,
Paris, den 15. Mai 1968[41]

Die Fantasie an die Macht – eine radikale gesellschaftliche Opposition kann nur an solche Motive und Parolen anknüpfen, und zwar immer nur im kritischen Rekurs auf die – eigene – Geschichte des Scheiterns menschlicher Emanzipation. Dies bringt zwei Motive hervor, die augenscheinlich soweit gegeneinanderstehen, dass das eine nur als Luxus in Anbetracht des anderen erscheinen muss.

Das eine Motiv folgt einem Satz von Jean Ziegler: »Die Unmenschlichkeit, die einem anderen angetan wird, zerstört die Menschlichkeit in mir.«[42]

40 Ulrich Sonnemann zitiert den Satz als Motto in seiner *Negativen Anthropologie* (1981/1969), S. 19.
41 Lenk (1998/1968), S. 211 ff. Vgl. dazu auch Lenk (1997), S. 14–31.
42 Jean Ziegler kolportiert seit einigen Jahren eine Fassung des kategorischen Imperativs, die konsequent ist; sie klingt allerdings mehr nach Sartre, und nicht nach – wie Ziegler nicht müde wird zu behaupten – Immanuel Kant; vgl. Ziegler (2016). Zuletzt: *»Ich bin der andere, der andere ist ich«* (2017).

Das andere Motiv ist von Marcuse: »*Schönheit* und *Vollkommenheit* [...] Kraft dieser Qualitäten kann die ästhetische Dimension als eine Art Eichmaß für eine freie Gesellschaft dienen. Eine Welt menschlicher Verhältnisse, die nicht mehr durch den Markt vermittelt sind, nicht mehr auf wettbewerblicher Ausbeutung oder Terror beruhen, erheischt eine Sensitivität [...], die für jene Formen und Eigenschaften der Wirklichkeit empfänglich ist, die bislang nur mittels ästhetischer Phantasie entworfen wurden.«[43]

Diese beiden Motive sind von jeder radikalen Opposition in der politischen Praxis wach zu halten, und sollten auch schon heute das Zusammenleben der Menschen bestimmen. In entscheidender Weise wirkt das auf die radikale Opposition zurück. Die radikale Opposition ist nicht identisch mit ihrer Organisation; sie kann nur aus lebendigen Subjekten bestehen (und eben nicht aus Parteien, Vereinen und Verbänden, Volk und Völkern etc., letzthin auch nicht aus Gruppen oder Klassen, schließlich ebenso wenig aus der unbestimmten Masse oder irgendeiner noch unbestimmteren Menge, Multitude). Die radikale Opposition wird gebildet aus und von einzelnen Menschen, aus und von Frauen, Männern und allen möglichen Geschlechtern; sie wird gebildet aus veränderungswilligen, interessierten Individuen, die, aufgeklärt für Emanzipation streitend, »den abstrakten Staatsbürger in sich zurück[zunehmen]«[44] bereit

43 Marcuse (2004/1969), S. 264.

44 Vgl. Marx (1844a), S. 370: »Erst wenn der wirkliche individuelle Mensch den abstrakten Staatsbürger in sich zurücknimmt und als individueller Mensch in seinem empirischen Leben, in seiner individuellen Arbeit, in seinen individuellen Verhältnissen, *Gattungswesen* geworden ist, erst wenn der Mensch seine ›forces propres‹ als *gesellschaftliche* Kräfte erkannt und organisiert hat und daher die gesellschaftliche Kraft nicht mehr in der Gestalt der *politischen* Kraft von sich trennt, erst dann ist die menschliche Emanzipation vollbracht.«

sind (oder freilich das mindeste, was staatsbürgerlich noch zugestanden wird, schlechterdings aufzugeben).

Die radikale Opposition sind die Wenigen, die sich dem realen Humanismus verpflichtet sehen. Es ist eine radikale Opposition im Sinne der Großen Weigerung – bestrebt, nicht Schadensbegrenzung zu betreiben und notdürftig die Mängel des kapitalistischen Systems auszubessern, sondern *wirklich* die Welt zu reparieren, sie in Ordnung zu bringen, und zwar in menschliche Ordnung. Und im Sinne solcher Großen Weigerung ist die Opposition deshalb radikal, weil sie – nach Marx' bündigem Hinweis – an die Wurzel geht; indes: »Die Wurzel für den Menschen ist aber der Mensch selbst.« Die radikale Opposition demonstriert also »*ad hominem* [...], dass der *Mensch das höchste Wesen für den Menschen* sei,« und demonstriert dies »mit dem *kategorischen Imperativ, alle Verhältnisse umzuwerfen*, in denen der Mensch ein erniedrigtes, ein geknechtetes, ein verlassenes, ein verächtliches Wesen ist.«[45]

Die radikale Opposition zehrt weiterhin von der »Hoffnung um der Hoffnungslosen willen«, wie es Walter Benjamin 1924 am Vorabend des Nationalsozialismus schrieb, wie Marcuse es 1964 als Beschluss vom *Eindimensionalen Menschen* zitierte, und wie es heute, 2017, noch immer gültig ist; eine zynische Gültigkeit, wenn die eigene Hoffnung sich von den Hoffnungslosen nährt, von Hoffnungslosen nämlich, deren Elend in der jüngeren Geschichte mitnichten gelindert, geschweige denn beseitigt wurde. Dieses Elend nicht länger zu beschweigen, ist der Ausgang der radikalen Opposition. Sie hat nicht nur die Abschaffung des Schlimmsten ins Auge zu fassen, sondern auch den Anbruch des Schönsten. Für die Hoffnung um der Hoffnungslosen willen bedarf es der Fantasie: Der Mensch

45 Marx (1844b), S. 385.

selbst muss mit Fantasie begriffen werden; und die Parole »Die Phantasie an die Macht!« meint insofern nichts anderes als die Losung: *Die Menschen an die Macht*, – um die Macht so menschlich zu machen, dass sie endlich nichts mehr macht.

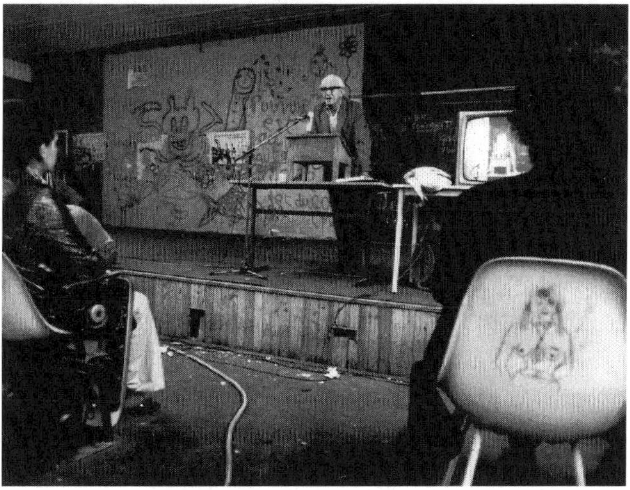

Herbert Marcuse während einer seiner Vorträge in Vincennes 1974

Links neben Herbert Marcuse: Rainer Lettau (1929–1996), Literaturwissenschaftler, geboren in Karlsruhe. Er studierte u. a. in Heidelberg und Harvard. Lettau nahm die amerikanische Staatsbürgerschaft an und folgte 1968 einem Ruf an die Universität von Kalifornien in San Diego. Marcuse und Lettau waren lange Jahre freundschaftlich verbunden und arbeiteten an vielen gemeinsamen Projekten. Das Foto zeigt Marcuse auf dem Gelände der Universität Vincennes. Unter dem Titel *Pape de la contestation. Marcuse est prof à Vincennes* erschien das Foto mit einem kurzen Text zum ersten Vortrag im April 1974 in »Le Gens«. Die Identität der Frau konnte nicht ermittelt werden.

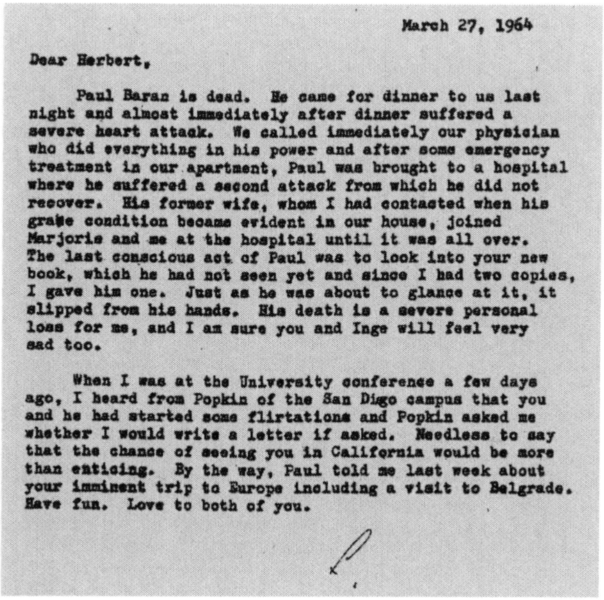
March 27, 1964

Dear Herbert,

Paul Baran is dead. He came for dinner to us last night and almost immediately after dinner suffered a severe heart attack. We called immediately our physician who did everything in his power and after some emergency treatment in our apartment, Paul was brought to a hospital where he suffered a second attack from which he did not recover. His former wife, whom I had contacted when his grave condition became evident in our house, joined Marjorie and me at the hospital until it was all over. The last conscious act of Paul was to look into your new book, which he had not seen yet and since I had two copies, I gave him one. Just as he was about to glance at it, it slipped from his hands. His death is a severe personal loss for me, and I am sure you and Inge will feel very sad too.

When I was at the University conference a few days ago, I heard from Popkin of the San Diego campus that you and he had started some flirtations and Popkin asked me whether I would write a letter if asked. Needless to say that the chance of seeing you in California would be more than enticing. By the way, Paul told me last week about your imminent trip to Europe including a visit to Belgrade. Have fun. Love to both of you.

Löwenthal an Marcuse vom 27. März 1964
Herbert Marcuse und Leo Löwenthal waren beide eng mit Paul Baran (1910-1964) befreundet. Geboren wurde Baran in der Ukraine. Er zog nach Berlin und studierte dort marxistisch orientierte Wirtschaftswissenschaften. Löwenthal kannte Baran schon aus Frankfurt, wo er für das Institut für Sozialforschung tätig war, Marcuse kannte ihn flüchtig aus dessen Studienzeiten in Berlin. Baran emigrierte 1939 in die USA. Marcuse und Baran lernten sich näher kennen, als beide in den 1940er Jahren für das OSS arbeiteten. Nach einer Lehrtätigkeit in Harvard folgte er einem Ruf an die Universität von Kalifornien in Stanford. Dort blieb der enge Kontakt weiter bestehen. Marcuse schrieb zum Tode von Paul Baran: »The union of intelligence and hope, of uncompromising indictment and tenderness, made him one of the most lovable human beings I ever met [...].« (Marcuse, Herbert: *A Tribute to Paul A. Baran*, in: »Monthly Review«, 16, 11, New York, März 1965). Das in Löwenthals Brief erwähnte Buch war der gerade erschienene Band *One-Dimensional Man.*

Herbert Marcuse mit seinen Kollegen an der Universität von Kalifornien in San Diego um 1964. Von links: Richard Popkin (1923-2005) war »Chair of the Philosophy Department« der Universität von Kalifornien. Popkin war einer derjenigen, die Marcuses Wechsel von Brandeis nach San Diego massiv unterstützten und sich mit Marcuse solidarisierten, als dieser von konservativen Kräften in San Diego angegriffen und aufgefordert wurde, seine Professur niederzulegen. Die Person rechts neben Herbert Marcuse konnte nicht ermittelt werden. Vierter von links: Stanley Malinovich, dann Rudolf Makkreel und Roland Kirkby. Die Person ganz rechts konnte nicht ermittelt werden. Malinovich, Makkreel und Kirkby waren »Assistant Professors« im Department of Philosophy und arbeiteten mit Marcuse zusammen.

Die Pariser Vorträge

Globaler Kapitalismus und radikale Opposition

1 Monopolkapitalismus und Opposition[1]
10. April 1974

Ich möchte mit den Besonderheiten beginnen, die ich als charakteristisch für die heutige US[2]-amerikanische Gesellschaft ansehe und die es meiner Meinung nach rechtfertigen, die US-amerikanische Gesellschaft als verschieden gegenüber anderen entwickelten kapitalistischen Ländern anzusehen.

1 Editorische Notiz: Die Audioaufnahmen dieser Vorträge wurden transkribiert, die Abschriften von Marcuse kommentiert und wohl auch durchgesehen. Marcuse hielt die Vorträge in französischer Sprache. Die erste Transkription liegt in Französisch vor und umfasst 99 Blatt. Wahrscheinlich stammt diese von André Gorz. Wer die Übersetzung ins Englische erstellte, konnte nicht ermittelt werden. Die sorgfältig verfasste Abschrift legt die Vermutung nahe, dass die Vorträge veröffentlicht werden sollten. Diese Publikation folgt dem englischen Typoskript und schließt seine Überarbeitungen, Streichungen und Kommentare ein. Dennoch enthält die Abschrift Satzfragmente und Leerstellen, die auf fehlende Wörter verweisen. Die übergreifenden Themen haben die Herausgeber und die Herausgeberin zu den Kapitelüberschriften bewogen. Fragen aus dem Publikum, soweit ausgewiesen, wurden im Allgemeinen in die Abschrift aufgenommen. Wo notwendig, wurden unkommentiert einige Änderungen und ergänzende Notizen vorgenommen.

2 Aus Gründen der Präzisierung wurde »Amerika« bzw. »amerikanisch« durch »USA« bzw. »US-amerikanisch« ersetzt.

Ich denke, die heutige US-amerikanische Gesellschaft stellt den höchstentwickelten Stand des Monopolkapitalismus gemäß der folgenden Bestimmungen dar: Erstens finden wir hier den höchsten Grad an Konzentration politischer Macht aller fortgeschrittenen kapitalistischen Länder. Zweitens ein hohes Ausmaß imperialistischer Durchdringung sowohl entwickelter als auch zurückgebliebener Länder unter der Führung US-dominierter multinationaler Konzerne. Drittens die Verschmelzung politischer, ökonomischer und militärischer Macht; eine Verschmelzung, die in vielen Fällen die Repräsentanten partikularer Interessen in Regierung und Verwaltung platziert. Schließlich sind die USA das fortgeschrittenste Land in Bezug auf die Effektivität wissenschaftlich-technologischer Kontrolle der Bevölkerung; eine höchst effiziente Kontrolle der Bevölkerung, welche immer noch zu einem großen Ausmaß – wenn auch keinesfalls ausschließlich – ohne offene Gewalt auskommt, und die sich in dem, wenn auch engen, Rahmen der US-amerikanischen Demokratie bewegt.

Zugleich denke ich, können wir in den Vereinigten Staaten ein Phänomen von großer Wichtigkeit beobachten, das ich den Zerfall, gar Auflösung, der Bourgeoisie als herrschende Klasse nennen möchte. Natürlich ist die Bourgeoisie weiterhin die herrschende Klasse, aber als solche unterliegt sie signifikanten Veränderungen. Der Unterschied zwischen rechtmäßigen und nicht-rechtmäßigen Geschäften wird zunehmend vernebelt, die ökonomische und politische Macht der sogenannten Mafia weitet sich in alle Bereiche des wirtschaftlichen und politischen Lebens aus.

Ich denke, wir sollten im Kopf behalten, dass diese Bourgeoisie sich grundlegend von der klassischen Bourgeoisie vorhergehender Stadien der kapitalistischen Entwicklung unterscheidet. Dieser Unterschied zeigt sich vor dem Hintergrund zunehmender Gewalt, legaler sowie extra-legaler, oft überflüssiger Gewalt, welche die gesamte Gesellschaft durchdringt. Und: Es ist größtenteils politische Gewalt. Ich möchte Sie nur an die Serie politischer Morde erinnern, beginnend mit Malcolm X und endend – ich würde sagen: zunächst endend – mit dem Mord an den Kennedys und dem versuchten Mord an Gouverneur Wallace.[3]

Ohne Zweifel entwickelt diese Bourgeoisie nach wie vor die Produktivkräfte. Dies ist bekanntlich die Funktion

3 Malcom X alias Earl Little jr., geboren 1925, aufgewachsen in Nebraska, erlebt schon als Kind die brutale Gewalt des Ku-Klux-Klan gegen Afro-Amerikaner. Ein weißer Mob, aufgestachelt vom Klan, ermordet 1931 Malcoms Vater. Little jr. verbringt viele Jahre im Gefängnis und konvertiert dort zum Islam. Wieder in Freiheit führt er nach wenigen Jahren die »Nation of Islam« an. Scharfe Kritik innerhalb der Black Community erfährt Malcom X, als er 1963 die Ermordung John F. Kennedys mit dem Satz kommentiert: »The chickens have come home to roost.« Er wird ausgeschlossen und gründet eine eigene, radikale Gruppe, die »Muslim Mosque«. Am 21. Februar 1965 erschießt angeblich ein Mitglied der Black Muslim Malcom X in Harlem. Innerhalb der Bürgerrechtsbewegung gilt er als Widersacher von Martin Luther King. Kern des Zerwürfnisses zwischen King und Malcom X ist die strategische Ausrichtung der Bürgerrechtsbewegung: Gewaltlose oder gewalttätige Aktionen, Integration in die weiße Gesellschaft oder eigenständige Black Community? Drei Jahre nach X' Ermordung sprechen am 3. April 1968 King und seine Vertrauten über die Route des Protestmarsches der streikenden Müllmänner in Memphis. Als er am späten Abend den Balkon des Motels betritt, treffen ihn tödliche Schüsse. Auf George Corley Wallace, konservativer Demokrat und ein vehementer Verfechter der Rassentrennung, wird 1972 ein Attentat verübt. Er überlebt, bleibt aber gelähmt. Wallace, dem enge Verbindungen zum Klan nachgesagt werden, wird eine Mitschuld an dem Bombenattentat von 1963 auf die Baptisten-Kirche in der 16. Straße in Birmingham zugesprochen. Dieses Attentat verübten Mitglieder des Ku-Klux-Klans. Die Bürgerrechtlerin Angela Davis, die aus Birmingham stammt, kannte die durch den Anschlag ermordeten vier Mädchen. Für Davis ein prägendes Ereignis und treibendes Motiv im Kampf gegen die Rassentrennung.

der herrschenden Klasse, aber sie entwickelt diese in einer besonders verschwenderischen und destruktiven Art und Weise.

Trotz all dieser negativen Eigenschaften sichert die US-Gesellschaft für einen Großteil der Bevölkerung einen hohen Lebensstandard. Die materielle Grundlage für die effektive Integration[4] selbst oppositioneller Kräfte in die Gesellschaft ist meiner Meinung nach einem immer noch existierenden hohen Lebensstandard geschuldet – auf jeden Fall hoch im Vergleich zu vorhergehenden Generationen, selbst in der Arbeiterklasse. Gleichzeitig erklärt der hohe Lebensstandard, zumindest in gewissem Maße, das Fehlen jeglicher organisierter, sozialistisch-marxistisch-antikapitalistischer Opposition, sogar innerhalb der Mehrheit der organisierten Arbeiter[5].

Es gab eine marxistische Tradition in den Vereinigten Staaten. Sie wurde in den 1920er und 1930er Jahren gewaltsam unterdrückt. Dies erklärt aber noch nicht hinreichend

4 »Integration« ist bei Marcuse ein Begriff, der im negativen Sinne Integration in die bestehende Gesellschaft bedeutet, wodurch Potenziale für einen grundlegenden sozialen Wandel schwinden. So schreibt er in *Der eindimensionale Mensch*, dass Begriffe wie ›Individuum‹, ›Klasse‹, ›privat‹ oder ›Familie‹ im 19. Jahrhundert noch »Sphären von Spannung und Widerspruch« gewesen seien. Doch »mit der zunehmenden Integration der Industriegesellschaft verlieren diese Kategorien ihren kritischen Inhalt und tendieren dazu, deskriptive, trügerische oder operationelle Termini zu werden.«
Marcuse (2014/1967), S. 16. Siehe hierzu auch Vorlesung 3 (*Integration ins etablierte System*).

5 Die in den Texten verwendeten geschlechtsspezifischen Bezeichnungen schließen prinzipiell alle unterschiedlichen Geschlechtszuschreibungen ein. Die Entscheidung für die männliche Beschreibung der genannten Personengruppen ist dem Umstand geschuldet, die Authentizität der Pariser Vorlesungen als Zeitdokument zu erhalten und für den gesamten Band eine Vereinheitlichung zu wahren.

die Abwesenheit oppositioneller Massenorganisationen in den Vereinigten Staaten heute. Die Integration der Bevölkerungsmehrheit begründet auch den sektiererischen Charakter der minoritären linken radikalen Gruppen, die über keine Massenbasis verfügen und verzweifelt versuchen – manchmal mit Erfolg –, innerhalb der Arbeiterklasse Fuß zu fassen.

Die gleiche Integration ist es, welche die einfache Vereinnahmung der sogenannten Gegenkultur erklären dürfte. Ich habe keine Zweifel, dass es in den 1960ern in diesen Gegenkulturen ein wahrhaft radikales Element gab, eine wahrhaft radikale Kraft, die nun allerdings fast verschwunden ist. Selbst in den Chefetagen finden sich Rauschgift und Drogen und Vizepräsidenten großer Konzerne tragen gewaltige Bärte und langes Haar.

Diese Integration erklärt auch ein weiteres trauriges Phänomen – welches ich hoffentlich in Kürze detaillierter behandeln werde –, das, was wir die Entpolitisierung der Opposition unterdrückter rassischer und nationaler Minderheiten in den Vereinigten Staaten nennen können. Es besteht auch kein Zweifel daran, dass es zu Beginn der 1960er ein radikales Element in der Opposition der Schwarzen, der Puertoricaner und der Chicanos gab.

In jüngster Zeit wurden diese politischen Elemente geschwächt. Die Opposition hat sich selbst integriert und bewegt sich innerhalb des Rahmens der US-amerikanischen Demokratie. Die wenigen Ausnahmen sind vielleicht kleine Gruppen unter den Schwarzen, den Chicanos, den mexikanischen Landarbeitern im tiefen Süden und Südwesten der Vereinigten Staaten.

Nun, diese Integration – und ich möchte das in aller Klarheit zu Beginn hervorheben – bedeutet weder, dass die US-amerikanische Gesellschaft heute eine Gesellschaft gefügiger Menschen ist. Dies bedeutet das überhaupt nicht.

Noch habe ich vergessen – so individualistisch bin ich nicht geworden –, dass es eine kapitalistische Gesellschaft ohne Klassenkampf nicht geben kann und nicht geben wird. Aber was wir in den USA haben, ist, dass dieser Klassenkampf noch gut im Rahmen des bestehenden sozialen Systems gehalten wird, wo es sich ganz überwiegend um einen ökonomistischen Klassenkampf handelt, der von den großen Gewerkschaften verwaltet wird. Auch hier kündigen sich Veränderungen an, die ich nun diskutieren möchte.

Lassen Sie mich das bisher Gesagte zusammenfassen. Der US-Kapitalismus enthält immer noch einen beachtlichen Grad an Stabilität. Der Kapitalismus enthält diese stabilisierende Macht in einer umstrukturierten Form, umstrukturiert sowohl auf dem nationalen als auch dem globalen Level. Einige Anzeichen dieser Umstrukturierung sind: Auf dem nationalen Level wurden wir in den letzten Jahren Zeugen beachtlicher und immer noch zunehmender Einschränkungen der bürgerlichen Rechte und Freiheiten durch die Gerichte, durch administrative Verordnungen, durch die Gesetzgebung. Wir beobachten eine andauernde und zunehmende Manipulation des noch existierenden demokratischen Prozesses, obwohl dieser schon zuvor genug eingeschränkt wurde. Wenn es unmöglich ist, ein Kandidat für die Präsidentschaftswahlen zu werden, ohne das Glück zu haben, eine Million Dollar zu besitzen, ist dies in jedem Fall eine seltsame Form von Demokratie.

Sogar diese Restriktionen wurden kürzlich ausgeweitet. Hier ist die vielleicht interessanteste Entwicklung – und dies könnte auf einen langfristigen Trend hinweisen – die offensichtliche Selbst-Abdankung des Kongresses zugunsten der Exekutivgewalt der Regierung. Ein Trend, der, wie sie wissen, charakteristisch sein kann für Entwicklungen in Richtung eines neofaschistischen und autoritären Regimes.

Diese Selbst-Abdankung des Kongresses, der mangelnde Wille des Kongresses, die Exekutivmacht effektiv einzudämmen, hat sich auch durch den Watergate-Skandal nicht verändert.[6] Es sind immer noch keine ernsthaften Bemühungen für eine Amtsenthebung zu beobachten und es ist zweifelhaft, ob der Senat, selbst wenn im Abgeordnetenhaus für eine Abdankung gestimmt werden sollte, den Präsidenten verurteilen wird. Was hinter dieser Zurückhaltung steht, das werden wir eventuell später noch diskutieren können.

Die Umstrukturierung auf nationalem Level wird begleitet von einer Reorganisierung auf globalem Level. Hauptsächlich durch neue Formen von Imperialismus und von Kolonialismus, sogenanntem indirekten Kolonialismus, der in vielen Fällen sogar profitabler zu sein scheint als die direkten früheren Formen des Kolonialismus, der, zumindest in Lateinamerika, seit Langem ersetzt – oder vielmehr übernommen – wurde durch die indigenen herrschenden

6 Bevor der Wahlkampf um das Präsidentschaftsamt im November 1972 offiziell begann, stellten Beamte des FBI im Juni fünf Einbrecher, die im Auftrag der Republikaner und deren Kandidat Richard Nixon in der Parteizentrale der Demokraten, dem Watergate-Komplex, Abhörwanzen installieren sollten. Nixon gewann zwar die Wahl, aufgrund weiterer Enthüllungen rund um diesen Einbruch trat er jedoch im August 1974 als Präsident zurück. Damit kam er einem Amtsenthebungsverfahren zuvor. Schon am 27. Juni 1973 hatte die »New York Times« eine scharfe Kritik Herbert Marcuses an der nur zögerlichen Aufklärung des Skandals veröffentlicht: Watergate: *When Law and Morality Stand in the Way.* Dort bemerkt Marcuse, Nixon stelle sich über jede politische Logik: »... his statements are neither true nor false, they are ›operative‹ or ›inoperative‹.« Interessanterweise strich die »New York Times« Marcuses Hinweis auf den Vorsitzenden des Untersuchungsausschusses, der in Bezug auf die Planung und Durchführung dieser Aktion von einer »Gestapo Mentality« sprach. Das vollständige Typoskript befindet sich im Marcuse-Archiv (Sign. 316).

Klassen und die indigenen Armeen, die den Job für die kapitalistischen Länder der Metropole machen.

Ein anderer besonders wichtiger Faktor der globalen Umstrukturierung des Kapitalismus ist [...]. Ich würde gerne einen Ausdruck benutzen, der so neutral wie möglich ist, denn ich bin überzeugt, dass es über die Sache ohnehin Streitigkeiten geben könnte. Dieser sehr wichtige Aspekt der globalen Umstrukturierung ist das Arrangement mit der Sowjetunion. Ich überlasse es Ihnen, ob Sie diesen relativ neutralen Ausdruck übernehmen wollen oder ob Sie ›Entspannung‹ oder ›Kooperation‹ oder ›geheime Absprache‹ bevorzugen; es gibt ein ganzes Vokabular. Wie auch immer, diese Fakten existieren und diese Fakten haben auch wichtige Auswirkungen auf die inländische Szenerie. Eine Frage gleicher Ernsthaftigkeit – welche ich nicht beantworten werde, aus dem einfachen Grund, ich kenne die Antwort nicht. Aber Sie können mir vielleicht helfen, Alternativen zu diskutieren –, ob ein solches Arrangement ebenfalls mit der Volksrepublik China existiert oder politisch geplant ist.[7] Was an der Außenpolitik Chinas bemerkenswert ist, hat eventuell überhaupt keine Auswirkung auf eine progressive Innenpolitik in China. Mir scheint, dass hier noch alles offen ist. Und, wie ich sagte, ich wage es nicht, eine Antwort zu geben.

Nun kommen wir zu der Frage, die ich in diesen Sitzungen mit Ihnen diskutieren möchte. Gibt es irgendwelche Tendenzen, sind irgendwelche Kräfte am Werk, welche die relative Stabilität des US-amerikanischen Kapitalismus

7 Noch während des Vietnamkrieges besuchte Nixon 1972 China und die Sowjetunion. Die Vereinigten Staaten knüpften engere Kontakte mit China und es wurde allgemein angenommen, dies reduziere die Spannungen und führe zu einer gewissen Annäherung und Stabilität. Dies meint das angesprochene ›Arrangement‹.

schwächen könnten und die den Beginn einer Desintegration seines Zusammenhalts anzeigen, eine Schwächung seiner Wirtschaft, eine Schwächung seiner Politik und (ein Aspekt, den ich während dieser Sitzungen betonen werde) eine Schwächung dessen, was wir die spezifischen Werte nennen, die soziale Moral, ohne die keine Gesellschaft – nicht einmal eine terroristische – auf Dauer bestehen kann? Wenn die Menschen nicht nur in ihrer Ideologie, sondern auch in ihrem Handeln, ihrem normalen Verhalten auf der Arbeit und in der Freizeit, nicht mehr den spezifischen grundlegenden Werten folgen, welche das System am Laufen halten, dann können wir tatsächlich von einer beginnenden Desintegration sprechen. Wir haben es dann nicht mehr nur mit dem Bereich der Ideologie zu tun. Soziale Moral im Handeln ist insofern viel mehr als eine Weltanschauung, als sie das tägliche Verhalten der Menschen bestimmt.

Auf die Frage, ob es solche Tendenzen der Desintegration und Schwächung gibt, schlage ich eine bejahende Antwort vor. Dies vorausgesetzt, möchte ich folgende verschiedene Aspekte diskutieren, wie ich die Kräfte der Schwächung und die Perspektiven radikalen Wandels sehe: Zunächst, welche Kräfte haben heute dieses Potenzial? Wir sprechen bisher immer über potenzielle Entwicklungen, welche abgebrochen werden können. Was sind heute die sozialen und historischen Akteure radikalen Wandels in den Vereinigten Staaten? Erstens innerhalb der Arbeiterklasse. Und hier möchte ich die Gelegenheit wahrnehmen, ein sehr verbreitetes, soweit ich sehen kann auch billiges, Missverständnis zu korrigieren. Ich habe niemals gesagt, dass die Arbeiterklasse beim Übergang vom Kapitalismus zum Sozialismus durch irgendeine andere Klasse ersetzt werden kann. Ich habe nie gesagt, dass zum Beispiel die Studierenden so einen Ersatz darstellen. Was ich allerdings gesagt habe, ist, dass unter dem Druck der Integration und in der Situation einer aktuell immer noch nicht revolutionären Arbeiterklasse, die vorbereitende pädagogisch-politische Arbeit solcher Gruppen wie die der Studierenden höchste Wichtigkeit erlangt. Ich werde die Frage der historischen Akteure und Subjekte sozialer Veränderung unter drei Stichwörtern diskutieren: Zunächst, wie ich sagte, innerhalb der Arbeiterklasse. Zweitens innerhalb der Intelligenz, vor allem die Studentenbewegung. Drittens in der Frauenbewegung.

Nun, die Arbeiterklasse, die Studierenden und die Frauen in einem Atemzug zu nennen, mag nach dem Traumgebilde eines Super-Revisionisten klingen, oder wie auch immer Sie es nennen mögen. Ich möchte am Anfang noch meine Einschätzung betonen, dass die Frauenbewegung heute eine der potenziell wichtigsten politischen Bewegungen[8] ist. Auch dies zu diskutieren, werden wir die Möglichkeit haben.

Ausgehend von der grundsätzlichen Verfasstheit der US-amerikanischen Gesellschaft ist es kein Wunder, es ist vielmehr erklärbar, es stimmt überein mit grundlegenden marxistischen Konzepten, dass die Opposition zu diesem Zeitpunkt scheinbar sehr unorthodoxe, sehr ungewohnte Formen annimmt. Doch noch sind sie nicht gefestigt. Sie sind nicht utopisch. Sie sind nicht unorthodox. Diese seltsamen neuen Formen der Opposition zeigen einfach nur an, dass auf dieser Stufe der kapitalistischen Entwicklung Möglichkeiten der Befreiung, Möglichkeiten der Freiheit, gereift sind oder noch reifen, die in früheren Phasen dieser Entwicklung noch nicht reif waren.

Ich hoffe, Ihnen zeigen zu können, dass heute nicht nur die vielleicht größten und vielleicht radikalsten Veränderungen der Geschichte auf dem Spiel stehen. Die Revolution des 20. oder des 21. Jahrhunderts wäre entweder solch

8 Vgl. dazu Anmerkung 13 im Interview mit »Le Monde«, S. 125.

eine radikale Revolution oder es wäre überhaupt keine Revolution. Was auf dem Spiel steht, ist nicht nur die Schaffung neuer Institutionen und neuer sozialer Arrangements, die des Sozialismus. Was in dem Prozess der Herausbildung dieser Institutionen, in dem Prozess des Aushandelns neuer sozialer Beziehungen auf dem Spiel steht, ist die radikale Transformation aller grundlegenden Werte der westlichen Zivilisation. Eine radikale Umwandlung aller grundlegenden Werte der westlichen Zivilisation, die, wie Sie wissen, eine patriarchale Zivilisation war und immer noch ist. Dies soll nur aufzeigen, welche Rolle die Diskussion der Frauenbewegung im Kontext dessen, was ich Ihnen vorstellen möchte, einnimmt.

Zu den Perspektiven radikalen Wandels möchte ich kurz – ich fürchte, es muss kurz sein – etwas über die Alternative, vor der wir stehen, sagen, und ich fürchte, nicht nur in den Vereinigten Staaten: Der Übergang zu Sozialismus oder Neofaschismus. Ich denke, soweit es diese Weggabelung betrifft, dass die autoritären, antidemokratischen Tendenzen in den Vereinigten Staaten überwiegen. Sie sind stärker als die Tendenzen, die den Übergang zum Sozialismus herbeiführen und beschleunigen könnten. Dies wird unter dem Titel *Perspektiven sozialen Wandels, Übergang zu Sozialismus oder Neofaschismus* das Thema sein. Wir sollten uns niemals damit beruhigen zu sagen: »Okay, es mag sein, dass der Faschismus kommt, aber er wird sich nicht halten und am Ende wird der Sozialismus triumphieren.«

Die Frage, die sich jeder von uns stellen und immer wieder stellen sollte, ist: Wie weit ist dieses Ende entfernt? Denn es kann gut sein, dass am Ende kaum noch jemand übrig ist, der diesen Übergang zum Sozialismus vollziehen kann. Wir wissen bisher von keinem Fall, in dem der Faschismus von innen heraus definitiv und komplett besiegt worden wäre.

Das nächste Problem, und aller Wahrscheinlichkeit nach das letzte, das ich behandeln kann – und ich hoffe, wir kommen dazu –, ist das Problem der Organisation. Ich nehme an, das weiterhin Tendenzen zu einer radikalen Veränderung existieren, selbst in den Formen der Organisation, die in einer weitgehend integrierten Gesellschaft bestehen, wo selbst die organisierte Arbeiterschaft in einem hohen Maße Teil dieser Integration ist. Welche Formen von Organisation sind dennoch möglich, potenzielle oppositionelle Kräfte zu aktivieren, potenzielle antikapitalistische Positionen in der ganzen Gesellschaft?

Die Frage, die ich gerne diskutieren möchte, dreht sich um Massenparteien, autoritäre Massenparteien, und auch Graswurzelinitiativen. In den Vereinigten Staaten ist das Konzept »Graswurzelbewegung« – d. h. die Initiativen und Veränderungen von unten – immer noch ein sehr starkes und gültiges. Die Frage ist, ob die sogenannte Graswurzel-Demokratie, wie sie jetzt existiert, in eine politische Kraft transformiert werden kann.

Und das zweite Thema, das ich bezüglich Fragen der Organisation behandeln möchte, ist die mögliche Rolle einer Avantgarde heute, oder – wie sie in einer negativen Weise genannt wird, eine Elite – die Rolle einer Avantgarde versus Massenspontaneität, und die Frage, wer heute eine Avantgarde ist oder sein könnte, die – wieder in einer vorbereitenden Weise – erzieherische Funktionen bei der Aktivierung bestehender radikaler Tendenzen oder für radikalen sozialen Wandel übernehmen könnte.

Dies ist das Programm, das ich Ihnen darbieten möchte.

2 Die Ideologie der postindustriellen Gesellschaft
12. April 1974

Ich werde mit einer ätiologischen Diskussion darüber beginnen, wie die heutigen Perspektiven radikalen Wandelns evaluiert werden müssen. In Marx' Theorie werden Perspektiven des Wandels korrekterweise in der Terminologie der Beziehung zwischen dem diskutiert, was objektive und subjektive Bedingungen genannt werden. Die Beziehung zwischen den subjektiven und objektiven Bedingungen. Die objektiven Bedingungen sind z. B. der Stand der Produktivkräfte, aber auch das Versagen des kapitalistischen Systems, ökonomisch versagend, politisch versagend. Außerdem ist die Stärke oder Schwäche des Staates bzw. der herrschenden Klasse objektive Bedingung, sowie die Stärke oder Schwäche der Arbeiterklasse. Der Arbeiterklasse, so würde ich gerne ergänzen – nach Marx –, als der Mehrheit der Bevölkerung. Das ist eines der Dinge, die wir niemals vergessen sollten: Dass Marx und Engels ganz am Ende glaubten, dass die Arbeiterklasse die Mehrheit der Bevölkerung sein muss, wenn sich die Revolution entfalten soll. Dies sind die objektiven Bedingungen.

Die subjektiven Bedingungen können unter der Formulierung »Das Bewusstsein der arbeitenden Klasse und das Bewusstsein der herrschenden Klasse« zusammengefasst werden.

Ich möchte zwei Beispiele dafür nennen, was ich für ein inadäquates, sogar ein falsches Verständnis der Korrelation zwischen den subjektiven und objektiven Bedingungen halte. Das erste dieses inadäquaten und falschen Verständnisses ist die berühmte Theorie der postindustriellen Gesellschaft. Die postindustrielle Gesellschaft. Ich glaube, dass diese Bezeichnung Ihnen selbst ausreichend vertraut ist.

Was diese Idee beinhaltet, ist ein Wandel in der Produktion; allerdings behauptet sie, dass dieser Wandel ein Übergang vom industriellen Kapitalismus in eine postindustrielle und postkapitalistische Gesellschaft wäre. Diese sogenannte postindustrielle und postkapitalistische Gesellschaft wäre charakterisiert durch den höchsten Grad von Automation, durch die vollkommenste Anwendung des technischen Fortschritts aller Zeiten und, vor allem, durch das Aufkommen, durch das quantitative und qualitative Heranwachsen einer neuen Klasse, der sogenannten intellektuellen Klasse, einer Klasse von Wissensarbeitern, die in einem steigenden Maße an der Kontrolle und Organisation der Gesellschaft partizipieren.

Ich denke, dass der Kern des Konzepts der postindustriellen Gesellschaft der Gedanke ist, wonach Wissen zu einer entscheidenden Produktivkraft wird. So reduziert sich in der Konsequenz zunehmend der Unterschied zwischen manueller und intellektueller Arbeit.

Dieses Konzept einer postindustriellen Gesellschaft, wie es in den USA hauptsächlich von John K. Galbrait[9] und aktueller von Daniel Bell in seinem umfangreichen Buch *The Coming of Postindustrial Society*[10] entwickelt wurde,

9 Der US-amerikanische Ökonomie und Sozialwissenschaftler John K. Galbrait (1908–2006) war Berater J. F. Kennedys. Nach dessen Ermordung unterstützte er L. B. Johnson. Galbraits Kritik am Vietnamkrieg führte zum Zerwürfnis. In späteren Jahren blieb er sowohl für Jimmy Carter als auch für Bill Clinton in wirtschaftspolitischen Fragen ein wichtiger Gesprächspartner. Sein Band *The Affluent Society* erschien 1958 in den Staaten. Dieses Buch stellte auch einen wichtigen Bezugspunkt für Herbert Marcuse dar. Marcuse bezieht sich in seinem Aufsatz *Liberation from the Affluent Society* von 1968 explizit auf den Titel Galbraits. Der Beitrag erschien in: Kursbuch, 16. Jg (1969), S. 185–198.

10 Die deutsche Übersetzung erschien 1975 unter dem Titel *Die nachindustrielle Gesellschaft*. An zahlreichen Stellen in *Der eindimensionale Mensch* kritisiert Marcuse die Analysen Bells scharf, so auch den Bericht

ist ein höchst ideologisches und trägt zu einer Verfälschung der Fakten bei. Das ideologische Konzept einer postindustriellen Gesellschaft dient sehr gut dazu, die aktuellen Machtstrukturen, welche im gegenwärtigen Stadium des Kapitalismus dominieren, zu maskieren und zu verdecken. Die Theorie der postindustriellen Gesellschaft dient dieser Verschleierung, indem die herrschende Klasse hinter technische und funktionale Zweckbestimmungen zurücktritt. Es wäre unsinnig, das beständige quantitative und qualitative Anwachsen der sogenannten Wissensarbeiter und die Rolle von Wissen gegenüber manueller Arbeit im gesamten Produktionsprozess zu leugnen. Allerdings müssen drei Kritikpunkte angebracht werden:

Erstens subsumiert die Bezeichnung Wissensarbeiter Gesellschaftsschichten und Individuen, die definitiv entweder direkt oder indirekt zur arbeitenden Klasse gehören, weil deren intellektuelle oder geistige Arbeit direkt im Produktionsprozess angewendet wird, und unter derselben Kategorie das Top-Management des Unternehmens insofern als dieses – was selten ist – technisch und professionell ausgebildete Individuen oder Gruppen einschließt.

Zweitens übersieht die Theorie der postindustriellen Gesellschaft den sehr wichtigen Aspekt, dass die Wissensanwendung im Produktionsprozess weiterhin von der tatsächlich herrschenden Klasse abhängt. Die überwiegende Mehrheit dieser sogenannten Wissensarbeiter trifft selbst keine Entscheidungen, welche tatsächlich die wirtschaftliche Entwicklung kontrollieren würden. Ihr Wissen, oder zumindest die Anwendung ihres Wissens, bleibt diesem Interesse untergeordnet und gerade diese Idee, dass die postindustrielle Gesellschaft durch etwas regiert würde, was

Automation and Major Technical Change von 1958, den Bell maßgeblich verfasste.

technologische Rationalität genannt wird, ist ideologisch. In fortgeschrittenen Entwicklungsstufen bewegt sich der Kapitalismus nicht unter dem Einfluss technologischer Rationalität; eher das Gegenteil ist der Fall. Das Wachstum und der Einfluss technologischer Rationalität ist methodisch beschränkt, gehemmt und den Interessen von Profit und Macht unterworfen.

Der letzte Punkt in dieser Kritik der ideologischen Idee einer postindustriellen Gesellschaft ist die Auffassung des Wissens selbst, die in diesem Feld eine so zentrale Rolle spielt. Wissen trägt zu einer entscheidenden Produktivkraft bei. Aber was für ein Wissen? Meiner Meinung nach gibt es nicht den leisesten Zweifel daran, dass der in dieser Theorie verwandte Begriff des Wissens von Anfang bis Ende instrumentell zu interpretieren ist. Dies bedeutet, Wissen nur als Produktivkraft zu betrachten, als eine Ressource für die Produktivität des bestehenden kapitalistischen Systems.

Instrumentelle Vernunft[11] wird mit Vernunft überhaupt gleichgesetzt. Instrumentelle Rationalität mit Rationalität überhaupt. Instrumentelles Wissen wird identifiziert als Wissen. Ich denke, es ist höchst interessant und ziemlich wichtig, dass nirgends in dieser Theorie irgendeine Überlegung darüber vorkommt, was meiner Meinung nach heutzutage mehr und mehr eine potenzielle Produktivkraft wird – ein auf Vorstellungskraft gegründetes und von ihr hergeleitetes Wissen. Sie sollten sich in diesem Zusammenhang in Erinnerung rufen, was dies 1968 bedeutet hat.[12] Dies ging nicht verloren. Mehr als jemals zuvor ist es dieses Streben

11 Marcuse verwendet und interpretiert den Begriff der »instrumentellen Vernunft« eng angelehnt an Max Horkheimers Analyse in *Eclipse of Reason* (1947). In deutscher Übersetzung: Ders. (1985/1967): *Zur Kritik der instrumentellen Vernunft.*

12 So lautete eine der Parolen des Pariser Mai von 1968: Seid realistisch, versucht das Unmögliche!

nach dem angeblich Unmöglichen, dieser Gebrauch der Phantasie als kognitive Fähigkeit, als rationale Fähigkeit des Verstandes, dieser Gebrauch der Phantasie als ein Vermögen, welches uns zeigen kann, dass das Unmögliche nicht unmöglich ist, sondern sehr realistisch, das uns zeigen kann, dass kaum noch Platz bleibt für den Begriff der Utopie[13]. Das ist vollkommen ausgeklammert aus dieser Perspektive auf eine post-industrielle Gesellschaft.

Ich denke, ein nachvollziehbares Beispiel für diese Tendenz ist Folgendes: In diesem Stadium nähert sich das systematische Ausweichen vor allem rationalen Wissens, welches essentiell oder nicht-funktional oder nonkonformistisch ist oder sein kann, heutigen Formen von Wissensunterdrückung an; nämlich der nahezu systematischen und methodologischen Reduzierung und Unterdrückung des Wachstums der Gesellschaftswissenschaften und der nonkonformistischen Teile der Sozialwissenschaften im Vergleich zum fortschreitenden Wachstum der mathematischen und Naturwissenschaften. Erneut eine Entwicklung, die perfekt zu dem generellen Trend passt, mit dem Ausdruck »postindustriell« eine Gesellschaft zu verbergen, die tatsächlich nichts anderes ist als eine neue Stufe in der Entwicklung des fortgeschrittenen Monopolkapitalismus in globalem Ausmaß. Und es handelt sich auf keinen Fall um den Übergang in eine neue Gesellschaft.

Zur Vereinfachung möchte ich ein zweites Beispiel hinzufügen. Es wurde wieder und wieder behauptet, dass die Ursache für das Fehlen einer organisierten und radikalen Massenopposition in den Vereinigten Staaten das

13 Marcuse arbeitet mit einem ambivalenten Utopie-Begriff: Einerseits scheinbar Unmögliches kritisch zu analysieren, andererseits Anzustrebendes, bereits Mögliches als »konkrete Utopie« aufzuzeigen. Es meint die Decodierung des historischen Verlaufs im Utopischen. Vgl. Neupert (2015), S. 96ff. und Jansen (2006) in: Hawel/Kritidis, S. 37.

Zurückbleiben der subjektiven Bedingungen hinter den objektiven Bedingungen ist. Dieser Fakt, dass das Bewusstsein der Bevölkerung nicht auf dem Niveau der objektiven Bedingungen ist, erklärt das Fehlen einer radikalen Opposition. Unter dieser Voraussetzung wäre die Aufgabe politischer Erziehung, wie der Name sagt, das Niveau des Bewusstseins zu heben. Dann wäre die Verbindung geschaffen zwischen den objektiven ökonomischen Bedingungen und dem politischen Bewusstsein, eine Vorbedingung für das Entstehen einer vorrevolutionären Situation.

Nun erscheint mir diese Darlegung inadäquat und falsch. Ich denke, dass das Bewusstsein der konformistischen Mehrheit der Bevölkerung auf dem Niveau der objektiven Bedingungen ist und was fehlt, ist nicht das Bewusstsein über die objektiven Bedingungen. Vielmehr herrscht ein starkes und überwältigendes Gefühl der Machtlosigkeit, der Ohnmacht, vor: »Absence de puissance«. Der Mensch kann nichts tun. Die objektiven Bedingungen, die man gut kennt, finden wir doch vor: Es gibt Unterdrückung, es gibt Korruption, der Kapitalismus funktioniert nicht mehr ohne Inflation, Arbeitslosigkeit und so weiter. Aber was können wir tun? Überhaupt nichts. Es herrscht ein Gefühl von Machtlosigkeit vor. Ich denke, dass dies besser den Grad der Integration innerhalb der Vereinigten Staaten erklärt als die Theorie des fehlenden Bewusstseins.

Nun, während das Bewusstsein der konformistischen Mehrheit, verstanden als »die« Macht, den objektiven Bedingungen entspricht, eilt das radikale Bewusstsein diesen objektiven Bedingungen weit voraus. Es erkennt das Potenzial der Veränderung in den objektiven Bedingungen. Es antizipiert noch nicht realisierte Möglichkeiten.

Das Bewusstsein, das radikale Bewusstsein, ist den objektiven Bedingungen voraus – und dieses Voraus-Sein ist, meiner Meinung nach, eines der entscheidenden Elemente in der Beziehung zwischen den subjektiven und objektiven Bedingungen. In diesem Fall Beziehungen zwischen Theorie und Praxis. Ich hoffe, darauf zurückkommen zu können. An dieser Stelle möchte ich nur bemerken, dass dieses Voraus-Sein, dieser antizipierende Charakter der Marxschen Begriffe, zum Wesen seiner Theorie gehört. Die Marxsche Theorie beschäftigt sich mit Tendenzen, nicht nur mit Fakten. Sie behandelt und entwirft Möglichkeiten, die aus der Analyse von Fakten abgeleitet werden, aber in ihrem Charakter antizipatorisch und überschreitend bleiben. Dieses abstrakte Element kann aus der Marxschen Theorie nicht gestrichen werden, ohne ihre Substanz zu verfälschen.

Dieses Misstrauen, dieser Ärger über die antizipatorischen Tendenzen und Konzepte in der Marxschen Theorie ist zu einem hohen Maß verantwortlich für die Weigerung, die Marxschen Kategorien schlussendlich zu verstehen, zu akzeptieren, was sie sind: dialektische Kategorien. Keine dieser dialektischen Kategorien, dieser historischen Kategorien, kann einfach wie ein Werkzeug behandelt werden, das sich auf veränderte Situationen anwenden lässt; wir haben die Marxschen Kategorien selbst dialektisch zu entwickeln, um ihren antizipatorischen und zugleich begreifenden Charakter und Gehalt herauszuarbeiten.

Aus dieser Darstellung, die ich Ihnen versucht habe zu geben, folgt, dass wir in der gegenwärtigen Situation ein falsches Bewusstsein haben, ein falsches Bewusstsein zum einen unter der konformistischen Mehrheit der Bevölkerung, insofern als es integriertes Bewusstsein ist, das blockiert und gefangen ist und nicht die Möglichkeiten des radikalen Potenzials in den gegebenen Bedingungen sehen kann, während zum anderen das radikale Bewusstsein insofern ebenso falsches Bewusstsein ist, wie es sich weigert, die Marxschen Kategorien den Veränderungen in der

Struktur des Kapitalismus selbst, die in der langen Entwicklung vom 19. Jahrhundert laissez-faire-Kapitalismus zum fortgeschrittenen Kapitalismus des 20. Jahrhunderts stattgefunden haben, entsprechend zu entwickeln.

Niemand leugnet diese Veränderungen, aber sie weigern sich, im Allgemeinen Konsequenzen für die Entwicklung der basalen Marxschen Kategorien zu ziehen.

Soweit soll es für heute gut sein.

3 Integration ins etablierte System
18. April 1974

Die Vereinigten Staaten, wenn auch das Gesamtbild der US-amerikanischen Gesellschaft heute variiert, repräsentieren für mich die höchste Stufe in der Entwicklung des Monopolkapitalismus: Der ungewöhnlich hohe Grad an sozialer Kohäsion, Integration, der hohe Grad an allgemeiner Unterstützung für das etablierte System. Nicht der Regierung, aber des Systems selbst. Und dieser hohe Grad an sozialer und verbreiteter Kohäsion besteht, während die ökonomischen und politischen Schwierigkeiten des US-Kapitalismus zunehmen.

Sie verschärfen sich im globalen Ausmaß. Sie machen sich im Heimatland bemerkbar. Und dennoch gibt es in den Vereinigten Staaten keine organisierte Opposition. Da ist keine radikale Opposition, fürwahr, auf Massenbasis. Es gibt noch nicht einmal ein Äquivalent zu, sagen wir, der britischen Labour-Party und der sozialdemokratischen Partei in Deutschland.

Und all dies nicht nur in einer Zeit zunehmender kapitalistischer Schwierigkeiten, sondern sogar in einer Zeit, in der neue Kräfte radikalen Wandels erstmals in der Geschichte auftauchen.

Um dieses seltsame Phänomen zu verstehen, ist es notwendig, sich die Integration näher anzuschauen. Ich werde sogleich diesen Begriff definieren. Ich möchte damit beginnen hervorzuheben, dass diese Integration, diese verbreitete Unterstützung, auf einer breiten materiellen und kulturellen Basis begründet ist. Anders gesagt handelt es sich sicherlich nicht nur um ein rein ideologisches Phänomen. Sie hat, wie ich Ihnen später zeigen werde, eine starke materielle Basis.

Zweitens werden wir das Aufkommen von historisch neuen Kräften der Desintegration und Befreiung diskutieren müssen. Ich sehe genau dies als den wichtigsten Aspekt in der Situation der Vereinigten Staaten, und sicherlich nicht nur in den Vereinigten Staaten: Das Aufkommen historisch neuer Formen der Desintegration, die sich über ihr eigenes Potenzial, über ihre eigene Macht, noch nicht bewusst geworden sind, die noch kein eigenes Bewusstsein entwickelt haben. Schlussendlich glaube ich, dass die Revolution des 20. Jahrhunderts, wenn sie kommen sollte, dass diese Revolution die radikalste und umfassendste der gesamten Geschichte sein wird, dass es nicht nur eine politische und ökonomische, sondern auch eine kulturelle Revolution in dem Sinne sein wird, dass sie einige der grundlegendsten Werte unserer Gesellschaft transformieren, angreifen wird.

Lassen Sie mich nun kurz zeigen, wie diese Integration der Bevölkerung in das etablierte System funktioniert. Ich meine mit Integration die Akzeptanz des und sogar die Identifikation mit dem kapitalistischen System in der Mehrheit der Bevölkerung, einschließlich der Mehrheit der arbeitenden Klasse. Wenn dies stimmt, ergibt sich, dass versucht werden wird, die anderen, die es sicherlich in den Vereinigten Staaten gibt, im Rahmen des kapitalistischen Systems und – vielleicht – sogar im Rahmen der Leistungsfähigkeit des Kapitalismus zu halten.

Nun, diese Integration findet auf drei verschiedenen Ebenen statt. Erstens war die US-amerikanische Gesellschaft darin erfolgreich, im Bereich des Konsums materielle und kulturelle Bedürfnisse zu befriedigen. Anders gesagt: Bei der Befriedigung von Bedürfnissen für einen großen Teil, vielleicht sogar die Mehrheit der Bevölkerung, über die reine Subsistenz hinaus erzeugt die zunehmende Produktivität der Dienstleistungsindustrie mehr und mehr Komfort und Luxus und Dienstleistungen wie organisierte Ferien, Reisen und so weiter und so weiter.

Dies sind kraftvolle Mechanismen, die Menschen an das etablierte System binden, besonders wenn diese Menschen nicht in der Lage sind, sich eine bessere Alternative vorzustellen. Ich habe das bereits angesprochen. Was (auch) immer sie unter Sozialismus verstehen, ist sicherlich nicht der Marxsche Sozialismus oder irgendetwas Ähnliches. Es ist, im besten Fall, (bestenfalls) das System, wie es heute in der Sowjetunion durchgeführt wird, und dies halten die Leute nicht für eine bessere Alternative. So viel also zur allgemeinen Integration in das System auf der ersten Ebene.

Die zweite Ebene ist das, was wir die Bewusstseinskontrolle nennen. Diese Bewusstseinskontrolle betrifft das Bewusste ebenso wie das Unbewusste. Ich halte es nicht für notwendig, hier ins Detail zu gehen. Ich nehme an, Sie wissen nur zu gut, welcher Fortschritt bei der Überwachung ganzer Bevölkerungen, wenn es notwendig ist, durch die elektronische Industrie gemacht wurde. Wir müssen hier nicht ins Detail gehen, aber ich möchte zwei weniger erkennbare Phänomene hervorheben, nämlich die Freigabe und Befriedigung primärer oder grundlegender Aggressivität auf breiter Ebene. Die zunehmende Gewalt in Film und Fernsehen. Die zunehmende Aggressivität in Sport und Unterhaltung und überhaupt.

Wir wissen von Freud, dass der Grad, bis zu dem ein soziales System die aggressiven Instinkte von Männern und Frauen freigibt und sie zugleich erfolgreich im etablierten Rahmen hält, kontrollierbar ist, sodass sie diese Gesellschaft nicht zerstören. Die Befriedigung der Aggressivität stärkt jene Gesellschaft, die eine solche Befriedigung gestattet.

Vergleichbar – komischerweise – mit dem entgegengesetzten Trieb, dem Sexualtrieb. Es ist bekannt, dass im aktuellen Stadium des Kapitalismus, wo eine beachtliche Liberalisierung der Sexualmoral stattgefunden hat, die Familie geschwächt wird, nicht nur von innen, sondern auch von außen. Mit anderen Worten, wir sehen gerade das, was ich repressive Entsublimierung genannt habe. Auf den ersten Blick wird Unterdrückung reduziert, Unterdrückung wird sozial eliminiert, ohne zugleich die explosiven Kräfte erotischer Energie freizusetzen. Wir werden den Unterschied zwischen beidem später diskutieren.

In jedem Fall führt die bloße Freigabe von Sexualität innerhalb des Systems zur verbreiteten Kommerzialisierung von Sex. Vor allem wird Sex selbst zur Ware, zum Handelsartikel und verliert dabei die befreiende Kraft, die er vielleicht hatte. Wiederum ist dies ein Mechanismus, der dazu dient, die Bevölkerung an das System zu binden.

Die letzte Ebene, auf der Integration stattfindet, ist systematische und offene Unterdrückung. Studierende zum Beispiel wissen nur zu gut, dass es für sie unmöglich wird, einen Job zu finden, besonders bei der schlechten Arbeitsmarktsituation und wenn irgendetwas in ihrem Lebenslauf auf radikale Aktivitäten hindeutet.

In Verbindung mit dieser systematischen Repression erleben wir eine Abnahme gesellschaftlicher Sensibilität. Sie müssen sich nur einige der vom obersten Gericht getroffenen Entscheidungen der letzten Jahre ansehen, um das gefährliche Ausmaß dieser Abnahme ziviler Freiheiten und zugleich die systematische und methodische Zunahme der Macht der Polizei, der Nationalgarde und anderer so genannter Kräfte des Gesetzes und der Ordnung zu erkennen.

Dies mag genügen, um immerhin Grundzüge der Integration, der öffentlichen Unterstützung und einiger Mechanismen, die diese Unterstützung erzeugen, zu umreißen.

Nun möchte ich kurz mit Ihnen die Frage diskutieren, wer die Akteure dieser Repression sind bzw. welche heute die dominierende Klasse, die herrschende Klasse in der US-amerikanischen Gesellschaft ist.

Ich denke, es gibt allgemeine Zustimmung dafür, dass es definitiv immer noch die Bourgeoisie ist, wenn auch in einer ziemlich unterschiedlichen Form, unterschieden von früheren Perioden. Ich erwähnte bereits einen Aspekt dieses Unterschieds, nämlich, dass die Trennung von legalen und illegalen Geschäften vernebelt, wenn nicht sogar beseitigt ist. Wir können von einer »Mafiaisierung« der US-amerikanischen Ökonomie sprechen. Sie wissen nur zu gut, dass sogar über Mafia-Verbindungen zum Weißen Haus, zum exekutiven Arm der Regierung, berichtet wurde.

Diese Bourgeoisie ist in jedem Fall zu unterscheiden von der klassischen Bourgeoisie, die die Entwicklung früherer kapitalistischer Stadien kontrollierte, und der Unterschied ist groß. Ist die Bourgeoisie eine monolithische Gruppe? Sie ist keine monolithische Gruppe und die inneren Unterschiede, die inneren Konflikte der Bourgeoisie könnten gar schärfer sein als der Konflikt, oder was davon übrig ist, zwischen den Menschen und den Regierenden – ich werde versuchen, diese Idee im Folgenden auszuführen. Die Bourgeoisie als oberste Klasse ist heute definitiv eine scheiternde Macht. An wem scheiternd? Die aktuellste Erklärung spricht von dem berühmten Unterschied oder Konflikt zwischen dem, was »Southern Cowboy« und »Eastern

Establishment« genannt wird. Dort gibt es heute einen ökonomischen Wettbewerb, zwei antagonistische Mächte: die älteren Industrien und Banken, welche sich hauptsächlich im Osten konzentrieren, und das neue Geld, die Neureichen im Süden und Südwesten, insbesondere in der Ölindustrie in Texas, Oklahoma und so weiter.

Ich denke, diese Art geographischer Analysen der herrschenden Klasse reicht nicht aus. Ich denke, wir müssen sie zurückweisen. Wir müssen sie zurückweisen, weil sie die gemeinsamen Interessen der Bourgeoisie nicht erfasst und zudem übersieht, dass zum Beispiel Repräsentanten des Ostens wie des Südens gleich mächtig erscheinen.

Ich schlage vor, eine zweite Erklärung der heutigen herrschenden Klasse abzulehnen, erneut eine Erklärung, die ich zuvor kurz erwähnt habe, und zwar das vor unseren Augen eine neue Klasse, die sogenannte Wissensklasse oder professionelle Klasse entstehe, und dass die höchsten Schichten dieser Klasse definitiv nicht nur zur herrschenden Klasse gehören, sondern sogar der herrschenden Klasse überlegen seien. Dies war ein Konzept der postindustriellen Gesellschaft – meiner Meinung nach ein komplett ideologisches Konzept, da es den Fakt übersieht oder zu übersehen versucht, dass nicht einmal auf den höchsten Ebenen der professionellen und technischen Klasse die Wissenschaftler, Techniker, Ingenieure und so weiter Herren ihrer eigenen Entscheidungen sind. Sie selbst sind innerhalb des Rahmens der herrschenden Klasse abhängig von anderen Schichten.

Mir scheint, dass von all diesen Analysen der US-amerikanischen herrschenden Klasse heute die älteste, nämlich die von C. Wright Mills dargebotene, noch die beste ist. Wir wissen, dass C. Wright Mills zufolge Herrschaft in kapitalistischen Gesellschaften heute zwischen drei Gruppen aufgeteilt und organisiert wird: Erstens zwischen der Geschäftsleitung großer Wirtschaftsunternehmen, zweitens den Politikern und drittens dem Militär. Manche Soziologen ergänzen vorsichtig eine weitere Gruppe, nämlich die Gewerkschaftsführer, die sie als Teil der neuen dominierenden Klasse ansehen.

Ich tendiere dazu, diese Klassifizierung im Grunde richtig zu finden. Aber sie wirft sofort die Frage auf: Wer herrscht innerhalb dieses Konglomerats, innerhalb dieser Hierarchie über die anderen? Das wirtschaftliche Direktorat? Die Politiker? Das Militär? Wer trifft die finalen Entscheidungen, die Entscheidungen, welche die Politik der Nation als Ganze oder auch wichtige Zweige regionaler Politik betreffen? Ich denke nicht, dass diese Frage beantwortet werden kann, denn ich glaube, die grundlegenden politischen Entscheidungen sind Konsequenz und Resultat von Kompromissen zwischen diesen drei Gruppen, die ganze Zeit Kompromisse. Wir neigen dazu zu sagen, dass es letztendlich das Großkapital sein wird, das entscheidet. Aber wiederum ein Großkapital, das nicht einheitlich ist. Und wir wissen zum Beispiel, dass das Militär genau wie die Politik eine wichtige Rolle in der Reproduktion und Stärkung der Dominanz dieser Gruppe spielen.

Diese herrschende Klasse, die nicht nur nicht monolithisch ist, sondern durchdrungen von Widersprüchen, hat eine gemeinsame Funktion, nämlich die Bewahrung des etablierten Systems mit allen verfügbaren Mitteln ohne Rücksicht auf die Kosten, nicht ohne Rücksicht auf die Kosten.[14] Es ist wichtig festzuhalten, dass das Bestreben, den Krieg in Vietnam zu beenden, nicht allein von der Seite kam, die

14 Dieser scheinbare Widerspruch verweist auf Marcuses dialektisches Denken: Einerseits wird das System keine Kosten scheuen, sich mit allen Mitteln am Leben zu erhalten, andererseits weiß es aber sehr genau, wann die Gefahren und die Kosten für den Fortbestand des Systems zu groß werden.

wir die Linke in den Vereinigten Staaten nennen können, sondern auch von mächtigen Teilen des »big business«, die dieses Unternehmen für verschwenderisch und zerstörerisch hielten.

Ich möchte gerne Ihre Aufmerksamkeit auf einen anderen Aspekt lenken, nämlich auf die Dialektik von Herrschenden und Beherrschten in der US-amerikanischen Gesellschaft, die dialektische Beziehung zwischen Herrschenden und Beherrschten. Die verschiedenen Elemente der Indoktrination, Manipulation und des Managements der Psyche werden – und das ist der spannende Punkt – auch zu Ausdrucksmechanismen der Wünsche und Interessen der indoktrinierten Bevölkerung. Es gibt, um ein schreckliches Wort zu verwenden, eindeutig *Gleichschaltung*. Die Regierung und ihre Institutionen, die herrschende Klasse, betreiben systematisch, was öffentliche Meinungsmache genannt wird, aber einmal hergestellt hat diese öffentliche Meinung, welche ständig bekräftigt wird, wiederum selbst Einfluss auf die Politikmacher.

In gewisser Weise partizipieren die Menschen tatsächlich an der Gestaltung der Gesellschaft. Die Menschen können tatsächlich ihren Willen ausdrücken, der aber nicht mehr ihr Wille ist, sondern durch die herrschende Klasse und ihre Werkzeuge zu ihrem Willen gemacht wurde. Die Menschen als Autoren, die Menschen als Käufer und Verkäufer beeinflussen andererseits die Politik der Führer. Es ist interessant, daran zu erinnern, was nicht lange her ist, wenn die Parole der US-amerikanischen Linken »Power to the People« lautete – »Power to the People«. Heute wird dieser Slogan deutlich weniger benutzt, weil die Frage »Wer ist dieses Volk?« nicht für alle Zeiten verschoben werden kann.

Es gibt keinen Zweifel, dass die Menschen, die ihre Stimme in einer Wahl abgeben, sogar im Sinne des Systems freie Menschen sind, denn niemand zwingt sie zu wählen.

Aber dennoch, sind es die gleichen Menschen, die Subjekte radikalen Wandels werden können? Die Menschen können tatsächlich Politik verändern. Sie können sich selbst Gehör verschaffen. Und einer der eher merkwürdigen Fälle: Sie haben gesehen, oder eher gelesen, erst gestern hat in Michigan der demokratische Kandidat über den republikanischen Kandidaten gesiegt, der persönlich von Präsident Nixon unterstützt wurde. Zum ersten Mal in der Geschichte Michigans seit 32 Jahren hat ein demokratischer Kandidat eine Kongresswahl gewonnen.

Sie können sich gut vorstellen, welche politischen Konsequenzen dies haben könnte. Es könnte ein wichtiger Schritt auf dem Weg zur Amtsenthebung oder dem Rücktritt des Präsidenten sein.[15] Ein klarer Fall, in welchem tatsächlich die Dialektik zwischen Herrschenden und Beherrschten funktioniert, denn es scheint wenig Zweifel zu geben, dass die Opposition gegen Nixon nicht in erster Linie eine populäre Opposition ist, sondern heute am stärksten aus Elementen innerhalb der herrschenden Klasse selbst kommt.

4 Auflösung der Vaterfiguren
19. April 1974

Im letzten Vortrag schlug ich vor, die Dialektik zwischen Herrschenden und Beherrschten auszuarbeiten, zwischen der Bevölkerung und ihren Anführern in der US-amerikanischen Gesellschaft. Ich habe behauptet, dass es eine

15 Vgl. Anmerkung 6, S. 51. Nachfolger Nixons wurde dessen Vizepräsident Gerald Ford. Er blieb bisher der einzige amerikanische Präsident, der nicht durch eine Wahl, sondern durch eine Nominierung die Amtsgeschäfte übernahm. Bei den Präsidentschaftswahlen im November 1976 löste ihn der Demokrat Jimmy Carter ab.

Resonanz gibt, dass es einerseits tatsächlich ein beachtliches Maß an Aktivitäten, Meinungen und Haltungen der Menschen gibt, die die Regierung beeinflussen, und dass sie sich andererseits in den Anführern mindestens wiedererkennen.

Ich möchte erklären, was ich damit meine. Die Regierenden der monopolkapitalistischen Gesellschaft in den USA heute – und ich betone, dass ich hier nur über die USA spreche und nicht über andere Länder – unterscheiden sich sehr von denen vorhergehender Epochen. Sie geben ein Bild ab, das mit der intensivierten Desintegration und Enthumanisierung durch die herrschende Klasse in den USA korrespondiert.

Vielleicht hilft hier eine grundlegende psychoanalytische Kategorie. Nach Freud ist, wie Sie wissen, der politische Anführer vor allem eine Vaterfigur. Eine Vaterfigur, in welcher die Menschen eine Autorität sehen können, die sie als nützlich wahrnehmen, und zugleich jemand, der, auf die eine oder andere Weise, das heranwachsende Kind an den direkten Einfluss der Gesellschaft gewöhnt. Der Vater, der dem Kind die gesamten Regeln, Bestimmungen und Gesetze auferlegt, welche die Gesellschaft, in der das Kind lebt, bestimmen.

Die Auferlegung eines solchen Systems von Gesetzen und Werten, das sogenannte Realitätsprinzip, war die hauptsächliche Aufgabe des Vaters in der klassischen (großbürgerlichen) Familie und der Nachfolger des Vaters im späteren Erwachsenen-Leben, speziell der politischen Anführer, welche die Regierung bilden.

Was nun in den letzten fünfzig bis sechzig Jahren passierte, ist eine grundlegende Veränderung dieser Konstellation. Der Präsident ist keine Vaterfigur mehr. In den Vereinigten Staaten war, denke ich, Franklin Delano Roosevelt der letzte politische Führer, der noch eine Vaterfigur genannt werden konnte; er war zugleich der Letzte, der den US-amerikanischen Kapitalismus mit relativ normalen Mitteln[16] rettete und der Letzte, der im Kampf gegen den Faschismus US-amerikanische Stärke mobilisierte.

Wenn Sie sich die politischen Führer heute anschauen, ist es offensichtlich – zumindest ist es offensichtlich für mich –, dass Nixon selbst in den kühnsten Träumen keine Vaterfigur genannt werden kann. Dafür gibt es viele Gründe. Der Vater, wie ich soeben aufgezeigt habe, ist eine moralische Persönlichkeit. Er selbst spielt nach den Regeln. Der Vater ist jemand, auf den man sich verlassen kann, der das Kind oder den Jugendlichen beschützen kann. All diese Qualitäten vereinen die politischen Anführer nicht mehr in sich.

Wenn sie keine Vaterfiguren mehr sind, was sind sie dann? Ich würde sagen, dass sie weit mehr Bruderfiguren sind, der größere Bruder, der erfolgreichere Bruder. Und sie sind die Erweiterung und Verlängerung der Macht des Gangleaders, des Anführers in Straßengangs, im Sport, des Bandleaders, oder wo auch immer. Diese Bilder haben das Vaterbild ersetzt.

16 Am 4. März 1933 übernahm Franklin D. Roosevelt das Präsidentenamt in den Vereinigten Staaten, das er als einziger Präsident über zwei Legislaturperioden hinaus inne hatte, von 1933–1945. Das Land hatte sich vom Zusammenbruch des Finanzmarktes am sogenannten »Schwarzen Freitag« (1929) und der darauf folgenden Weltwirtschaftskrise noch nicht erholt. Bei Amtsübernahme Roosevelts waren ca. dreißig Prozent der Amerikaner ohne Arbeit. Die Armut und Verelendung eines weiten Teils der amerikanischen Arbeiterschaft, die das kapitalistische Wirtschaftssystem der größten Volkswirtschaft der Welt verursacht hatte, führte zu dem, was als »Great Depression« in der amerikanischen Bevölkerung zu spüren war. In seinem 100-Tage-Programm kündigte Roosevelt ein milliardenschweres staatliches Investitionsprogramm für neue Arbeitsplätze und umfangreiche Sozialreformen an, das 1935 im Kongress als »Social Secruty Act« verabschiedet wurde. Der »New Deal for the American People« brachte nicht den versprochenen Erfolg. Erst durch den Eintritt der amerikanischen Regierung in den Krieg gegen Nazi-Deutschland erholte sich die Wirtschaft.

Es ist klar erkennbar, wie diese Entwicklung, diese Desintegration der Autoritäten der klassischen bürgerlichen Epoche, die zunehmende Unproduktivität der Bourgeoisie widerspiegelt, welche heute die destruktive und verschwenderische Entwicklung der Produktivkräfte kontrolliert.

Ich versuche nun, die desintegrierenden Kräfte in der heutigen US-amerikanischen Gesellschaft zu diskutieren. Ich habe ein eher düsteres Bild der Integrationsleistung der aktuellen US-amerikanischen Gesellschaft gezeichnet, des starken Zusammenhalts, der starken allgemeinen Unterstützung, die Sie dort vorfinden und des immer noch anhaltenden Wachstums der US-amerikanischen Gesellschaft durch imperialistische Expansion und Kolonisierung im Inneren.

Wir müssen nun einen Blick auf diese Kräfte werfen, aber auch fragen, ob es in der einen oder anderen Art oppositionelle Kräfte gibt, die an Stärke gewinnen. Bevor ich damit beginne, würde ich gerne hören, ob Sie irgendwelche Fragen haben.

[...][17]

All diese sind in einem ausschlaggebenden Sinne eskapistisch, und Eskapismus ist ein billiger Ausweg. Was nach dem Zusammenbruch der Studentenbewegung passierte, nach der Schwächung der Opposition, die in den Sechzigern am stärksten war und deren Niedergang 1969–70 begann, ist, dass die Desillusionierung, die Enttäuschung so stark war, dass sie einen Ausdruck in anderen Formen der Nonkonformität fand, angeblicher Nonkonformität, weil dies in der Realität eine ausgeprägte Konformität ist. Aller

17 An dieser Stelle werden offensichtlich zwei nicht aufgezeichnete bzw. nicht abgetippte Fragen gestellt. Den folgenden Antworten nach bezieht sich die Frage auf Aussteigertum als politische Aktivität und die Frage, wann ein solch radikaler Umsturz eintreten könnte. Die zweite darauf, ob Gewalt und Aggression einen potenziell emanzipatorischen Impuls besitzen können.

Absentismus vom politischen Leben, aller Absentismus von politischen Aktivitäten ist eskapistisch und konformistisch.

Diese Gruppen waren das Resultat einer derartigen Enttäuschung darüber, dass die Revolution, die in den Sechzigern zum Greifen nahe schien, nicht kam. Nochmals würde ich sagen, dass viele der schmerzvollen Entwicklungen durch eine bessere Bildung hätten vermieden werden können – viel Schmerz hätte vermieden werden können durch einen Blick in die Geschichte. Dann hätten wir wissen können, dass keine der großen Umwälzungen ohne solche Gefühle von Rückschritt, Neugruppierung, Neuorientierung oder was auch immer hervorkamen und wir können vermutlich nicht annehmen, dass die größte und radikalste aller Revolutionen in der Geschichte, nämlich die Abschaffung des kapitalistischen Systems, als gradliniger Fortschritt und in relativ kurzer Zeit stattfinden könnte.

Es ist sinnlos, geradezu unverantwortlich, aber ich möchte noch versuchen zu illustrieren, was ich damit meine – und dies ist meine persönliche Meinung –, inoffiziell, weil all diese Dinge aktuell sind und es ein wichtiges Buch darüber geben wird, dass es, wie gesagt, eine sozialistische Revolution geben wird. Ich denke, um wirklich global und erfolgreich zu sein, muss sie, wie Marx es vorhersah, im höchstentwickelten Industrieland der Welt auftreten, und zu ihrem Entstehen wird es einer Zeitspanne von 75 bis 150 Jahren bedürfen. Wenn Sie diese Daten als optimistische Schätzung ansehen, zeigt es Ihnen nur, dass Sie noch einige Zeit haben, daran zu arbeiten, dass sie früher kommen wird.

Einer Sache bin ich mir absolut sicher, dass, wenn Sie nicht jetzt dafür arbeiten, sie nicht in 75 Jahren, nicht in 100 Jahren kommen wird, sie vielleicht überhaupt nicht kommen wird. So, dies ist meine Antwort auf die erste Frage.

Die zweite ist, dass die Zunahme der Gewalt, die wir im Sport, in der Unterhaltung und anderswo beobachten, in sich selbst repressiv ist, weil hier vom Establishment kontrollierte Ventile für Frustration, Unmut, Nonkonformität und Hass, oder was immer es sein mag, geschaffen werden.

Die Frage ist nun, ob wir nicht das Gegenteil annehmen können, nämlich dass die Freisetzung von Aggressivität das radikale Potenzial eher stärkt als schwächt. Zumindest haben wir die Möglichkeit, eine Antwort zu geben, wenn wir erneut zu bestimmten Hypothesen Freuds zurückkehren. Doch bevor ich versuche, das zu tun, würde ich gerne erst zwei Dinge wissen: Verstehen Sie die Frage und ihre Wichtigkeit und, zweitens, würden Sie lieber eine Antwort vorschlagen? Die Frage muss sein, ob radikal oder repressiv, tatsächlich mit der wenigsten Aggressivität in unserer Gesellschaft.[18]

5 Neoimperialismus und Klassenkonstitution
24. April 1974

Und nun auf Englisch[19]. Wir haben den Kern dessen erreicht, was ich versuche, hier zu machen – und zwar die Evaluierung der Tendenzen für einen radikalen Wandel in fortgeschrittenen kapitalistischen Gesellschaften. Ich schlage vor, dieses Problem in den klassisch marxistischen

18 Diese Sitzung scheint abrupt zu enden, die zweite Frage bleibt unbeantwortet oder wird nicht aufgenommen. Das Typoskript endet mit diesem verwirrenden Satz.

19 Das Typoskript verweist auf Scherzereien Marcuses auf Französisch, bevor die Vorlesung beginnt: »Es gibt viele Fragen, auf die ich entweder heute Abend oder am Freitag antworten werde. Aber ich möchte auf jeden Fall mit meinem Text fortfahren und mit der Hauptfrage, die ich sofort beantworten werde. Dies ist die Frage: Was ist Liebe? (Lachen) Was ist *die Liebe* (im Original deutsch)? Meine Antwort: Dies ist eine Frage, die gestellt wird, die nur in der Praxis beantwortet werden kann (Lachen, Applaus).«

Begriffen zu analysieren, nämlich dass dieselben Kräfte, die für die Erhaltung und das Wachstum des kapitalistischen Systems sorgen, zugleich die Kräfte sind, welche zu seinem Verfall und letztendlichem Kollaps führen. Dies ist die klassische dialektische Konzeption, und ich finde, dass es die einzige ist, die uns ein adäquates Verständnis davon liefert, oder liefern kann, was los ist.

Lassen Sie mich an das typische Marxsche Beispiel erinnern: Auf der Stufe des fortgeschrittenen Kapitalismus – und, was fast dasselbe ist, beim höchsten Grad technischen Fortschritts, der im Kapitalismus erreichbar ist – zwingt der Wettbewerb die Kapitalisten konstant dazu, die Produktivität der Arbeit zu steigern und zu intensivieren. Auf dieser Stufe bedeutet das, dass der Anteil des konstanten Kapitals – Maschinen, Rohstoffe, Fabrikanlagen und so weiter – auf Kosten der menschlichen Arbeitskraft, die im Produktionsprozess gebraucht wird, stetig zunimmt. Dies ist zugleich eine Definition des technischen Fortschritts im Kapitalismus: Technischer Fortschritt bedeutet Mechanisierung, die zu Automatisierung führt, zum immer weiteren Ausschluss individueller menschlicher Arbeitskraft aus dem Produktionsprozess.

Für diese wachsende Systemproduktivität muss allerdings ein Preis bezahlt werden. Bekanntlich ist nach Marx die einzige Quelle des Mehrwertes die menschliche Arbeitskraft, die im Prozess der materiellen Produktion enthalten ist, und die Abnahme an benutzter menschlicher Arbeitskraft bringt das bekannte Gesetz des tendenziellen Falls der Profitrate in Gang.

Es gibt bekannte Gegentendenzen, insbesondere den Drang, die Arbeitsproduktivität weiter zu steigern. Zudem die Suche nach neuen Dimensionen und Gebieten für Investitionen, eine extensive imperialistische Politik und, nochmals, Gewinne, vorübergehende Gewinne, für die mit zunehmenden Konflikten zwischen den imperialistischen Mächten und mit wiederkehrenden ökonomischen Krisen und Depressionen bezahlt wird.

Dies ist die klassische Marxsche Konzeption. Ich werde Ihnen zeigen, dass in Anbetracht der Errungenschaften des Monopolkapitalismus, die Marx nicht voraussehen konnte, beträchtliche Modifikationen eingeführt werden müssen.

Ein einfaches Beispiel für die Ambivalenz der Kräfte, die die kapitalistische Gesellschaft antreiben, ist die aktuelle Energiekrise. Ich möchte nur kurz darauf hinweisen, wie die Ambivalenz hier funktioniert. Zweifellos hat die Energiekrise zu einem fantastischen Anstieg in den Profiten der großen Ölgesellschaften und ihrer Tochterunternehmen geführt. Gleichzeitig hat die Energiekrise die Aussicht auf gewaltige Bereiche neuer Investitionen, Forschung und die Ausnutzung neuer Energiequellen auf dem nordamerikanischen Kontinent geöffnet.

Wieder zwei Tendenzen die zum Wachstum der Macht des Kapitals und zu einer weiteren Konzentration ökonomischer Macht führen. Zugleich jedoch haben diese Tendenzen zu einem zunehmend härteren Wettbewerb zwischen den Vereinigten Staaten einerseits und Japan und den europäischen Ländern andererseits geführt, wobei Letztere mehr vom Öl des Mittleren Ostens abhängen als die Vereinigten Staaten.

Das dient als ein weiteres Beispiel für die Ambivalenz dieser Kräfte. Aber es reicht nicht aus, nur auf diese Dialektik hinzuweisen. Um verstehen zu können, welche dieser Kräfte letztlich überwiegen – und wie –, müssen wir auf die Veränderungen in der Produktionsweise schauen, welche unter dem fortgeschrittenen Monopolkapitalismus stattgefunden haben. Und hier liegt, denke ich, die Lösung zum Problem.

Was sind die Veränderungen in der Produktionsweise selbst? Ich werde Ihnen heute Abend nur einige Hinweise geben. Ich hoffe, dass ich dies später im Detail diskutieren kann. Zunächst ist da die zunehmend technologische Ausprägung der Produktion – die zunehmend technologische Ausprägung der Produktion, welche tendenziell die Lücke zwischen mentaler und physischer Arbeit reduziert und die sich in einem proportionalen Wachstum der Büroangestellten im Vergleich zu den Fabrikarbeitern ausdrückt.

Zweitens beobachten wir auf dieser Stufe der kapitalistischen Produktionsweise eine Verschiebung der Beschäftigung von der materiellen Produktion zum Dienstleistungsbereich. Ich bin mir vollkommen bewusst, dass der Begriff der Dienstleistungen, oder des berühmten tertiären Sektors, in der Kritik steht. Dies ist eine Kategorie, die zu viele verschiedene Berufe umfasst. Dennoch glaube ich, sie kann benutzt werden, sie muss sogar benutzt werden, um die geschehenen Veränderungen zu verstehen.

Es gibt eine Verschiebung der Beschäftigung von materieller Produktion zu Dienstleistungen, da es, wie ich gerade hervorgehoben habe, einen abnehmenden Bedarf für individuelle Arbeitskraft in der materiellen Produktion gibt und zugleich einen zunehmenden Bedarf für Mehrwert außerhalb der materiellen Produktion. Der Mehrwert kann nicht mehr in ausreichendem Maße aus der materiellen Produktion abgepresst werden und wird nun dem Sektor der sogenannten Dienstleistungen außerhalb materieller Produktion abgerungen.

Drittens haben wir auf dieser Entwicklungsstufe eine konstante Ausweitung direkter Eingriffe der Regierung in die Wirtschaft. Nicht mehr nur direkt oder indirekt durch Subventionen, vielmehr ist die Regierung selbst eine große ökonomische Einheit geworden. Das Pentagon der

Vereinigten Staaten ist heute das größte industrielle Einzelunternehmen.

Viertens, und zuletzt, haben wir auf diesem Stadium kapitalistischer Produktion das, was Neoimperialismus genannt wird: Der Export der Produktion selbst aus den Metropolstaaten in andere kapitalistische und vorkapitalistische Länder mit niedrigeren Produktionskosten.

Ich möchte jetzt gerne tun, was ich noch nicht getan habe und nicht wieder tun werde. Ich werde einige Statistiken anführen, die den Kern der Sache illustrieren und uns verstehen lassen, was meiner Meinung nach vielleicht der allerwichtigste Gegenstand ist, nämlich die veränderte Zusammensetzung der arbeitenden Klasse in den Vereinigten Staaten. Ich gebe Ihnen nun – und es wird hoffentlich nicht länger als fünf bis acht Minuten dauern – einige Zahlen. Sie stammen aus den jüngsten mir zur Verfügung stehenden Quellen, nämlich aus Daniel Bells Buch *The Coming of Post-Industrial Society*[20], aus Stanley Aronowitz' Buch *False Promises: The shaping of Working Class Consciousness*[21] und auch aus einem Bericht namens *Work in America*[22] für das Ministerium für Gesundheit, Bildung und Wohlfahrt.

Was zeigen diese Statistiken? 1970 waren 60 % der Erwerbstätigen im Dienstleistungssektor angestellt. Die

20 Erschien 1973. In deutscher Übersetzung: Bell (1975): *Die nachindustrielle Gesellschaft*.

21 Stanley Aronowitz (geb. 1933) ist Professor für Soziologie an der City University of New York (CUNY) und ein bekannter politischer Aktivist. Er war viele Jahre in der amerikanischen Arbeiterbewegung und in den 1960er Jahren auch in der Bürgerrechtsbewegung engagiert. Aronowitz ist Mitglied der Grünen Partei der Vereinigten Staaten. *False Promises* erschien 1973. Dazu Marcuse: »Stanley Aronowitz succeeds marvelously in breaking the ritualized categories of sociologists in this field and in revealing the ideological content and function of these categories.«

22 Der Bericht erschien 1973.

Prognose für 1980 ist, dass mindestens 70 % der Arbeitskräfte im Dienstleistungssektor angestellt sein werden. Die Zahlen der Beschäftigten in Millionen sind folgende: Beschäftigt in der Güterproduktion – das heißt in der Industrie, dem verarbeitenden Gewerbe und der Landwirtschaft – waren 1947 26,3 Millionen, 1960 28,9 Millionen Menschen, und die Prognose für 1980 beträgt 31,6 Millionen. Im Vergleich dazu waren 1947 im Dienstleistungssektor 25,4 Millionen Menschen angestellt, 1968 58,8 Millionen, und die Prognose für 1980 ist 67,9 Millionen.

Ein Blick auf das verarbeitende Gewerbe: Dieses beschäftigte 1970 31 % Büroangestellte, vorhergesagt für 1975: 34,5 %. Und was noch interessanter ist, unter den Fabrikarbeitern beobachten wir eine stetige Verschiebung zu nichtproduzierenden Tätigkeiten. Das soll heißen: Reparaturen, Wartung, technische Überwachung und so weiter.

Heute sind nur zwei von fünf Arbeitern direkt an der Produktion und Verteilung von Gütern beteiligt. Weniger als 5 % der Beschäftigten fallen auf die grundlegende Industrie, das wären Bergbau, Staat, Automobilindustrie und Öl, hingegen 12,5 % der Arbeitskräfte auf die Werbebranche. 1850 waren weniger als die Hälfte aller Beschäftigten Lohnarbeiter und Angestellte, 1905 erhielten 80 % Lohn oder Gehalt, 1970 waren es 90 % aller Beschäftigten, und die Anzahl der Selbstständigen sank von 18 % im Jahre 1950 auf 9 % 1970.

Ich denke, diese Zahlen sprechen fast für sich selbst. Ohne die weitergehenden Konsequenzen zu analysieren, was wir später versuchen werden, zeigen diese Zahlen überzeugend, dass die lohnabhängige Bevölkerung auf der höchsten Stufe des Kapitalismus ungeheuer zugenommen hat. Die menschliche Basis der Ausbeutung wurde enorm erhöht und breite Sektoren der Mittelschicht, insbesondere der zuvor selbstständigen Mittelschicht, wurden Tochterfirmen des Großkapitals.

Dieses gigantische System mit einer lohnabhängigen Bevölkerung von rund 90 % reproduziert nun trotz seines Reichtums Armut und Arbeitslosigkeit in hohem Ausmaß. Hier sind die offiziellen Zahlen des statistischen Bundesamtes. Sie können sich vorstellen, dass diese Statistiken bezüglich Armut nicht übertreiben. 1970 lag die Armutsgrenze der Regierung bei 3.700 Dollar für eine vierköpfige Familie – 3.700 Dollar pro Familie mit vier Personen pro Jahr.[23] Unterhalb dieser Armutsgrenze, welche wirklich auf jeder Ebene eine Armutsgrenze ist, unterhalb dieser Armutsgrenze lagen 11 % aller Familien. Wenn wir nur auf weiße Familien schauen, lebten 8,6 % in Armut. Wenn wir nur schwarze Familien betrachten, waren es 29,8 %. Und ein Fünftel aller Familien in den Vereinigten Staaten hatten ein Einkommen unter 5.000 Dollar.

Den Arbeitslosenzahlen nach – hier wissen wir, dass die offiziellen Zahlen offensichtlich untertrieben sind –, die ich einer kürzlich erschienenen Ausgabe der »Monthly Review« entnehme, sind 9,4 % der Arbeitskräfte arbeitslos und 14,2 Millionen sind direkt oder indirekt von Militärausgaben abhängig. Mit anderen Worten, wenn sie zusammengerechnet, wenn sie zusammengeworfen werden – was ein orthodoxer Marxist tun würde –, ergeben sich die folgenden Zahlen für Arbeitslosigkeit und Arbeit im militärischen Komplex: Insgesamt 25 % der Arbeitskräfte, das sind 22,3 Millionen, sind entweder arbeitslos oder direkt wie indirekt abhängig von Rüstungs-/Militärausgaben.

Ich komme nun zu der Hypothese, auf die diese Trends und Zahlen hinweisen. Ich werde es langsam erklären, da ich denke, dass Sie die Schlussfolgerung verblüffen wird.

23 Die Armutsgrenze 1970 betrug 3.553 Dollar für eine Familie von vier oder 2,43 Dollar am Tag pro Person. 2015 lag die Armutsgrenze bei 24.000 Dollar. Im Jahr 2015 lebten 43,1 Millionen Amerikaner in Armut (Quelle: povertyusa).

Auf der höchsten Stufe seiner Entwicklung reproduziert der Kapitalismus sich selbst, indem er einen zunehmenden Anteil der sozial notwendigen Arbeitszeit der Arbeit außerhalb der materiellen Produktion von Gütern sowie der Tätigkeit von betrieblichen und Finanzdienstleistern, Qualitätsmanagement und so weiter widmet. Mit anderen Worten: Aufgaben, die Marx selbst als parasitär betrachtete. Oder, in einem Satz: Auf seinem höchsten Stadium reproduziert der Kapitalismus sich selbst durch zunehmend unproduktive Arbeit.

Eine Konsequenz dieser Verschiebung: Der Anteil des Marxschen Proletariats, als dem Teil der arbeitenden Klasse, der im materiellen Produktionsprozess eingesetzt ist, an den Arbeitskräften, nimmt gegenüber der ehemaligen oder heutigen Mittelklasse ab [in den westlichen Industrienationen]. Dies ist die – wie Sie sehen werden – höchst kontroverse Schlussfolgerung. Ich möchte die verblüffende Tatsache hervorheben, dass Marx dies selbst nicht verblüffend fand, es nicht als schwierig zu verstehen ansah und es vor mehr als hundert Jahren vorhersagte. Ich lese Ihnen drei Zitate vor, zwei aus dem dritten Band des *Kapitals*, das dritte aus einer anderen Quelle, wie ich erwähnen sollte, die alle betonen, dass der Kapitalismus sich auf seiner höchsten Stufe durch diese Verschiebung weg von der materiellen Produktion, weg von der produktiven Arbeit, hin zu unproduktiver Produktion oder unproduktiver Arbeit reproduziert.

Zwei Zitate: »Nicht die industriellen Kapitalisten, sondern die industriellen Manager (Direktoren) ›die Seele unsres Industriesystems‹ sind [hat schon Herr Ure bemerkt – Hrsg.]. [...] Die kapitalistische Produktion selbst hat es dahin gebracht, dass die Arbeit der Oberleitung, ganz getrennt vom Kapitaleigentum, auf der Straße herumläuft.«[24]

24 Dies ist eine leicht gekürzte Version aus: Marx (1983), S. 400.

Ein weiteres Zitat: »Im Übrigen ist klar: Im Maß, wie sich die Produktionsstufe erweitert, vermehren sich die kommerziellen Operationen [...]. Je entwickelter die Produktionsleiter, desto größer, wenn auch keineswegs im Verhältnis, sind die kaufmännischen Operationen des industriellen Kapitals [...]. Es wird dadurch Anwendung kommerzieller Lohnarbeiter nötig, die das eigentliche Kontor bilden«[25] und so weiter. Das letzte Zitat stammt aus Daniel Bells *Post-Industrial Society*, ist aber ein Zitat von Marx selbst, ein sehr wichtiges: »Die Masse der classe moyenne wächst und das Proletariat [bildet] [...] einen immer verhältnismäßig kleineren Teil der Gesamtpopulation [...]. Dies ist in der Tat der Gang der Bourgeoisiegesellschaft.«[26]

Dieser Punkt wird, so hoffe ich, zu einer intensivierten Diskussion führen. Ich werde mit meinem Vortrag in dieser Richtung fortfahren – entweder heute Abend, nachdem ich Fragen beantwortet habe, oder Freitag.

6 Konsumkapitalismus
26. April 1974

[Wir haben darüber nachgedacht,][27] welche Kräfte einen Wandel im etablierten kapitalistischen System bewirken könnten. Und ich habe versucht, diese Frage zu beantworten, indem ich einen Blick darauf werfe, was eigentlich im Produktionsprozess selbst geschieht. Es gibt dort

25 Ebd., S. 310.

26 In der Übersetzung des Bandes von Daniel Bell findet sich dieses Zitat auf S. 122 in der Anmerkung 21. Es bezieht sich auf ein Marx-Zitat, das unter MEW, Bd. 26.3., S. 57 zu finden ist. Das Zitat Marcuses weicht vom Original wie folgt ab: Marcuse verwendet den Begriff »middle class« für »classe moyenne«.

27 Das Typoskript beginnt mitten im Satz.

Veränderungen, und ich habe diese kurz aufgelistet. Zum Beispiel den zunehmenden technologischen Charakter der Produktion und, in Verbindung damit, die sich wandelnde Zusammensetzung der arbeitenden Klasse, der zunehmende Anteil an Büroangestellten im Vergleich zu Fabrikarbeitern und die tendenzielle Verschiebung vom materiellen Produktionsprozess hin zur Produktion von Dienstleistungen, welche im kapitalistischen System natürlich ebenfalls zu Waren werden. In Marxschen Begriffen würde dies eine zunehmende Abhängigkeit der Produktion des Kapitalismus von unproduktiver Arbeit bedeuten.

Ich denke, ich sollte einige Worte zu diesem Begriff sagen, er ist selbst in marxistischer Theorie in hohem Maße diskussionswürdig und umstritten. Es gibt zwei Verständnisse produktiver Arbeit. Eines stammt von Adam Smith und den klassischen englischen Ökonomen: Produktive Arbeit ist nur die Arbeit, die für die Herstellung materieller Güter verwandt wird, welche über den Markt in den Prozess des Konsums gelangen. Alle andere Arbeit nennt Adam Smith unproduktiv. Demzufolge wäre natürlich alle Arbeit, die auf Dienstleistungen verwendet wird, unproduktive Arbeit.

Weiterhin gibt es ein anderes Verständnis produktiver Arbeit: das orthodox-marxistische. Es umfasst die gesamte Arbeit, die den von den Kapitalisten angeeigneten Mehrwert einbringt, ohne Rücksicht darauf, in welchen Tätigkeiten sie aufgewandt wurde.

Ich möchte hier nicht in die weitere Diskussion darüber einsteigen, in welchem Maße in Dienstleistungen Mehrwert entsteht. Für das, was ich Ihnen hier unterbreiten möchte, ist dies nicht notwendig.

Nun, diese Veränderungen, die auch – und das möchte ich hier wiederholen – eine zunehmende Abnahme der Unterschiede zwischen intellektueller und manueller Arbeit bedeuten, diese Veränderungen sorgen nicht dafür, dass das entsteht, was eine neue Arbeiterklasse genannt wird. Das Konzept der neuen Arbeiterklasse scheint mir höchst ideologisch und die Rolle der unabhängigen sogenannten Wissensarbeiter, in der geistigen Arbeit, oder wie diese Arbeit auch immer bezeichnet wird, zu stark gewichtet.

Was auf der jetzigen Stufe der kapitalistischen Entwicklung tatsächlich passiert, ist nicht die Herausbildung einer neuen Arbeiterklasse, sondern eine weite Ausdehnung der Arbeiterklasse – eine Ausdehnung der Arbeiterklasse auf Teile der Mittelschichten, welche in früheren Stadien des Kapitalismus unabhängig waren. Ich habe Ihnen Zahlen zum enormen Rückgang der Selbstständigen in der US-amerikanischen Gesellschaft über die letzten zehn, oder sogar mehr als zehn Jahre gezeigt.

Das Ergebnis: Auf dieser Stufe schafft der fortgeschrittene Kapitalismus eine große abhängige Bevölkerung: Fabrikarbeiter, Büroangestellte, abhängige Mittelschichten – alle hängen direkt oder indirekt vom Kapital ab. Und gegenüber dieser riesigen abhängigen Bevölkerung steht eine immer kleinere Gruppe der tatsächlich herrschenden Klasse; das klassische Marxsche Modell des letzten Stadiums des Kapitalismus, die berühmte Polarisierung zwischen Herrschern und Beherrschten, aber mit einer entscheidenden Veränderung, welche ich nun diskutieren werde – teils wiederholend, was ich bereits am Mittwoch sagte.

Die Verschiebung in der Produktion, die wir beobachten, bedeutet – und nun komme ich zu den relativ schwierigen Gegebenheiten und Formulierungen und werde daher so langsam vorgehen, wie ich kann – die Verschiebung in der Produktion bedeutet, in Marxschen Begriffen, dass weniger gesellschaftlich notwendige Arbeit auf die Produktion von Gütern zur Lebenserhaltung verwendet wird. Das bedeutet: Immer weniger gesellschaftlich notwendige Arbeit wird auf die Produktion von Gütern, von Waren und

Dienstleistungen für die Lebenserhaltung von Arbeitern, von Individuen überhaupt aufgewandt. Das ist ziemlich offensichtlich. Es ist einfach eine Konsequenz des technischen Fortschritts und der steigenden Produktivität der Arbeitskraft durch diesen technischen Fortschritt.

Während nun ein immer geringerer Teil der gesellschaftlich notwendigen Arbeit darauf verwendet wird, die zur Lebenserhaltung notwendigen Güter zu produzieren, wird mehr gesellschaftlich notwendige Arbeitszeit auf die Produktion von Gütern und Dienstleistungen über den notwendigen Lebensunterhalt hinaus verwendet – in der Produktion von Gütern und Dienstleistungen über den notwendigen Lebensunterhalt hinaus. Das bedeutet, dass immer mehr gesellschaftlich notwendige Arbeit mit der Produktion von Luxusartikeln – Luxusartikel im marxistischen Sinne – von Abfällen, von Annehmlichkeiten, von Vergnügungen, und all dies in Form von Waren, verbracht wird.

Dies ist die sogenannte Konsumgesellschaft, welche in diesem Stadium das kapitalistische System charakterisiert. Ich würde hier gerne hervorheben, dass die Konsumgesellschaft, oder »la société de l'abondance« [die Überflussgesellschaft – Hrsg.], eine Fehlbezeichnung ist, ein höchst ideologisches Konzept, nicht nur da weiterhin viel Armut grassiert, sondern auch aus einem anderen sehr wichtigen Grund, nämlich dass diese sogenannte Konsumgesellschaft mehr als irgendeine vorherige Gesellschaft nicht nach den Interessen der Verbrauchenden, sondern nach den Interessen der Hersteller organisiert und kontrolliert ist. Und das sollten wir im Hinterkopf behalten.

Nun, was bedeutet diese Verlagerung zur steigenden Produktion von Luxusgütern, zu Verschwendung, geplantem Verschleiß, Schnickschnack und Annehmlichkeiten, was bedeutet sie für die innere Dynamik des Kapitalismus? Es bedeutet, dass das kapitalistische System durch die Kraft seiner eigenen Dynamik darauf angewiesen ist, ständig neue Bedürfnisse und Befriedigungen zu erzeugen. Der Kapitalismus ist durch seine Dynamik darauf angewiesen, Bereiche der Freude zu schaffen, Bereiche der Annehmlichkeiten, Bereiche jenseits notwendiger entfremdeter Arbeit, aber er ist auch darauf angewiesen, daraus einen Bereich der Notwendigkeit zu machen, einen Bereich der Waren, die gekauft und verkauft werden müssen, einen Bereich, der nur genossen werden kann durch fortgesetzte Mühen und fortgesetzte entfremdete Arbeit. Aber mit dieser Tendenz, ein wachsendes Quantum der Produktivität in die Herstellung von Luxusgütern zu lenken, untergräbt der Kapitalismus nun seine eigene Basis. Er widerspricht seinem eigenen Realitätsprinzip der Unterdrückung und Ausbeutung, seinem eigenen Realitätsprinzip, das auf der Notwendigkeit von entfremdeter Vollzeitarbeit für die Dauer eines Erwachsenenlebens basiert.

Auf diese Weise entkräftet der Kapitalismus durch sein Wachstum seine eigenen Produktionsverhältnisse – der Kapitalismus erklärt seinen eigenen Lebensstil, seine eigene Existenz für ungültig. In einem Stadium noch nie dagewesenen sozialen Reichtums und noch nie dagewesener Wachstumsfähigkeit droht dieser Widerspruch zu explodieren.

Mit anderen Worten: Es ist nicht die Gefahr der Verelendung, es ist nicht schrecklicher materieller Mangel und Not, sondern ist es im Gegenteil die Reproduktion und Schaffung von zunehmendem sozialen Wohlstand, es ist der verbreitete höhere Lebensstandard, welche das Ende des Kapitalismus einleiten. Dies ist die 20. Jahrhundert-Version des Marxschen Konzepts, nach welchem die Gesetze der kapitalistischen Entwicklung zugleich die Gesetze seines Zerfalls und letztlichen Zusammenbruchs sind.

Wenn dies stimmt, bedeutet es, dass wir in den höchst entwickelten Industrieländern der Möglichkeit einer Revolution gewahr werden müssen, die nicht auf der Basis von Armut und Not, sondern auf der Basis verschwendeter Fülle stattfindet. Und wenn dieses paradoxe Konzept korrekt ist, bedeutet es, wir müssen auch neuer Motive für die Revolution gewahr werden – neue Motive für die Revolution und neue Ziele für die Revolution, die nicht länger auf die Möglichkeit oder Notwendigkeit einer Revolution fokussieren, welche aus Not und Entbehrung geboren wird, sondern auf eine Revolution auf der Basis zunehmenden sozialen Wohlstandes für immer weitere Schichten der Bevölkerung. Deshalb müssen wir fragen, was für mögliche Motive eine solch paradoxe Revolution haben kann. In jedem Fall – das scheint unausweichlich, wenn wir die Fakten zur Kenntnis nehmen – müssen wir, lassen Sie es mich vorsichtig formulieren, das Ende des Kapitalismus im Stadium seiner höchsten Produktivität und seines größten Reichtums ins Auge fassen.

Glücklicherweise haben wir eine Quelle, die genau diese Situation, in welcher der Zusammenbruch des Kapitalismus beginnt, bestimmt, nämlich Marx selbst. Wir sind immer noch daran gewöhnt, nur mit jenen Marxschen Konzepten zu arbeiten, welche radikalen Wandel direkt oder indirekt aus Verelendung ableiten – es ändert nicht viel, wenn wir das Konzept der relativen Verelendung, Not und so weiter nehmen und dass wir die Tendenzen negieren, die Marx selbst deutlich herausstellt, welche in eine ganz andere Richtung weisen.

Ich werde Ihnen eine Passage aus der ersten Version des *Kapitals* von 1857 vorlesen, die viel später unter dem Titel *Grundrisse* veröffentlicht wurde. Zitat: »Die große geschichtliche Seite des Kapitals ist, diese Surplusarbeit, überflüssige Arbeit vom Standpunkt des bloßen Gebrauchswerts, der bloßen Subsistenz aus, zu schaffen, und seine historische Bestimmung ist erfüllt, sobald einerseits die Bedürfnisse so weit entwickelt sind, dass die Surplusarbeit über das Notwendige hinaus selbst allgemeines Bedürfnis ist, aus den individuellen Bedürfnissen selbst hervorgeht [...].«[28] Das bedeutet, dass nur falls und wenn Arbeit über die Notwendigkeit die eigene Existenz zu erhalten und Subsistenz auf dem gegebenen kulturellen Level hinausgeht, wenn Surplusarbeit, Arbeit für Luxusgüter, Arbeit für Unterhaltung, Arbeit für Bequemlichkeiten und Vergnügungen zu einem generellen Bedürfnis geworden ist. Und es ist das kapitalistische System selbst, welches dieses Bedürfnis nach Surplusarbeit generiert.

(Um die Bedeutung dieser Passage zu betonen, werde ich sie nun in der französischen Übersetzung lesen.)

Anders gesagt: Der Kapitalismus selbst erzeugt das Bedürfnis nach dieser Arbeit über Existenz- und Subsistenzbedürfnisse hinaus, die Arbeit für Genuss, Annehmlichkeiten, Luxus und so weiter.

Ich möchte diese Entwicklung und diese Möglichkeit neu formulieren, um klar zu machen – und ich denke, dies ist der Hauptpunkt für marxistische Theorie –, dass diese Entwicklung keine Abweichung vom kapitalistischen Entwicklungspfad ist, die von außen in die kapitalistische Entwicklung gebracht würde, sondern in der kapitalistischen Produktionsweise selbst begründet ist.

Diesem Konzept nach bringt der Kapitalismus im wahrsten Sinne des Wortes gezwungenermaßen seine eigene Negation hervor. Dies zeigt in unserem Stadium der Mehrarbeit nicht nur die Überflüssigkeit der entfremdeten Vollzeitarbeit, sondern der Kapitalismus produziert zugleich in einem erweiterten Ausmaß – und dies ist der entscheidende

28 Marx, S. 244.

Punkt. Der Kapitalismus erzeugt auf dieser Stufe Bedürfnisse und Befriedigungen, die notwendigerweise mit dem Bedarf entfremdeter Vollzeitarbeit in Konflikt geraten und eine adäquate Mehrwertschöpfung bedrohen.

Es ist genau im Stadium des Überflusses, dass Kapitalismus in seiner Produktionsweise das individuelle Bedürfnis nach Befreiung von durch seine Produktionsweise auferlegten Unterdrückung hervorruft.

Ich werde nochmals versuchen zu formulieren, inwiefern diese Entwicklung der aktuellen kapitalistischen Produktionsform inhärent ist. Die erweiterte Kapitalakkumulation erfordert die zunehmende Investition und Inwertsetzung dieser Überschüsse und somit die zunehmende Bedürfniserzeugung nach überflüssigen Gütern und Dienstleistungen; überflüssig in dem Sinne, dass sie über das Lebensnotwendige hinausgehen, über die Reproduktion der Lebenserhaltung selbst. Die erweiterte Akkumulation erfordert Güter und Güterproduktion über die Reproduktion der Arbeitskraft hinaus, über die Lebensnotwendigkeiten hinaus. Das bedeutet Produktion für den Bereich der Freiheit und Vergnügung.

Aber die Befriedigung dieser Bedürfnisse innerhalb des kapitalistischen Systems benötigt und bedingt lebenslänglich andauernde Arbeit, bedingt nicht nur die Aufrechterhaltung, sondern die Ausdehnung der Mühen entfremdeter Arbeit auf andere Bevölkerungsschichten, bedingt die Fortsetzung der Vollzeitausbeutung.

Dies ist die Ausprägung des Widerspruchs im 20. Jahrhundert. Auf der einen Seite die steigende Produktion von Gütern, die ein Reich der Freiheit, Freude und kreativer Betätigung schaffen könnte. Auf der anderen Seite die Aufrechterhaltung der Mühen und entfremdeter Arbeit, um diese Güter zu erwerben und zu verkaufen und in Freiheit zu genießen.

Dies ist ein sich ausbreitender Widerspruch, der Widerspruch zwischen den befreienden Möglichkeiten, die vom Kapitalismus selbst produziert werden, und ihre gleichzeitige Niederhaltung durch die kapitalistische Produktionsweise. Dieser Widerspruch ist immer schwieriger zu verschleiern und zu verdrängen. Es ist evident, dass immer mehr Menschen sich dessen bewusst werden, sich nicht nur dieses Widerspruchs bewusst werden, sondern dass dieser Widerspruch gelöst werden kann. In anderen Worten: Immer mehr Menschen werden sich der Überflüssigkeit der kapitalistischen Produktionsweise bewusst.

Dieses Bewusstsein – heute noch durch das kapitalistische System gelenkt –, dieses Bewusstsein untergräbt nun die Gültigkeit, untergräbt die Abhängigkeit kapitalistischer Werte von den Menschen. Aus meiner Sicht ist dies einer der wichtigsten Punkte. Es gibt Anzeichen dafür, dass immer mehr Menschen nicht mehr an das glauben und in Übereinstimmung mit dem handeln, was als systemerhaltende Werte bezeichnet werden kann, auf denen die ununterbrochene Existenz des kapitalistischen Systems basiert. Wenn Menschen nicht mehr an den Werten festhalten, die das System am Laufen halten, hat der Niedergang begonnen.

Dass dieser Niedergang der Werte begonnen hat, kann, zumindest was die Vereinigten Staaten angeht, an dem Rückgang der Arbeitsethik gezeigt werden – ich habe dies bereits mehrfach erwähnt. Das bedeutet die sich zunehmend ausbreitende Ablehnung jeglicher Verantwortung für den Job, den man ausübt, für die Qualität der Arbeit, das einfache oder sehr klare Gefühl, dass dies alles unnötig ist, dass es überkommen ist.

Wenn auch sehr vage, taucht langsam eine Alternative auf, sie entsteht durch die Kreativität und Produktivität des Kapitalismus selbst, also durch das Bild, welches Marx den Bereich der Freiheit genannt hat, in welchem entfremdete

Arbeit auf das absolute Minimum reduziert ist, in welchem Produktion tatsächlich an Bedarf ausgerichtet sein kann, aber nicht nur für lebensnotwendige Bedürfnisse. Denn mit einem Optimum an Automatisierung stellt es kein Problem mehr dar, für die Bedürfnisse und Befriedigungen zu produzieren, welche tatsächlich das erste Mal in der Geschichte die Befriedigung der Bedürfnisse autonomer und freier Menschen wären.

Dies ist, bis hierhin, nur die subjektive Seite der Entwicklung, die subjektive Seite dieses Widerspruchs, nämlich das Aufkommen individueller Bedürfnisse und Befriedigungen, die nicht mehr im Rahmen des kapitalistischen Systems erfüllt werden können, obwohl sie vom kapitalistischen System selbst erzeugt worden sind.

Daran anschließend werde ich versuchen zu zeigen, oder aufzuzeigen, welche objektiven Bedingungen diesen subjektiven Bedingungen entsprechen, diesen subjektiven Bedürfnissen. Anhand dieser Verbindung diskutiere ich kurz die unorthodoxen Formen, welche die Opposition in und gegenüber dem System in den Vereinigten Staaten – und wohl nicht nur in den Vereinigten Staaten – annimmt, die Opposition in den Arbeiterbewegungen, die Opposition in der Intelligenz und die Opposition in der Emanzipationsbewegung der Frauen. Diese haben allesamt eine Sache gemeinsam: Wir können bei ihnen neue Motive für die Revolution, neue Bedürfnisse nach Revolution und neue Ziele der Revolution entdecken.[29]

29 Vgl. Anmerkung 13 im Interview mit »Le Monde«, S. 125.

7 Kritisches Bewusstsein und Revolte
10. Mai 1974

Ich habe versucht, den Widerspruch innerhalb des kapitalistischen Systems zu formulieren, der unter den Bedingungen des fortgeschrittenen Monopolkapitalismus hervortritt, und ich habe darauf hingewiesen, dass dies eine historisch neue Form des Widerspruchs ist, ein neuer Ausdruck der inhärenten und explosiven Widersprüche des Kapitalismus. Eine historisch neue Form, jedoch zugleich eine Form, die Marx bereits vorausgesagt und -gesehen hat, wie ich Ihnen durch ein Zitat belegen konnte.

Was ist diese neue Form des Widerspruchs? Einerseits ist das kapitalistische System an diesem Punkt seiner Entwicklung gezwungen, Güter und Dienstleistungen in einem größeren Umfang zu produzieren, der über die Subsistenz oder die Wiederherstellung der Arbeitskraft hinausgeht, gerade auf dieser fortgeschrittenen kulturellen Stufe. Mit anderen Worten ist der Kapitalismus gezwungen, mehr und mehr so genannte Luxusgüter und Dienstleistungen zu produzieren, und er erzeugt dabei das Bedürfnis nach der Abschaffung aller entfremdeten Arbeit. Dies bedeutet die Abschaffung aller Arbeit, in der die Menschen ihre eigenen Fähigkeiten, ihre eigenen Potenziale, nicht frei entfalten können – der Gegensatz zwischen schöpferischer Tätigkeit und entfremdeter Arbeit.

Andererseits muss der Kapitalismus, während die Produktion all dieser Güter und Dienstleistungen auf die zunehmende Überflüssigkeit der entfremdeten Arbeit hinweist, die entfremdete Arbeit in den Fabriken, in den Büros und wo immer es nötig ist intensivieren, um eine adäquate Mehrwertschöpfung sicherzustellen.

Dieser Widerspruch zwischen der immer offensichtlicheren Überflüssigkeit entfremdeter Vollzeitarbeit, auf die

die kapitalistische Produktionsweise selbst hindeutet und dem immer größeren Bedarf nach entfremdeter Arbeit aufgrund der kapitalistischen Produktionsweise – welche Ausbeutung gleichkommt –, dieser Widerspruch ist eine neue Form des Marxschen Widerspruchs, nach welchem der Kapitalismus sich sein eigenes Grab gräbt; will sagen, dass er sowohl das Bedürfnis als auch die Kräfte für seine Abschaffung erzeugt.

Nochmals das neue historische Element: Dieser Widerspruch droht zu explodieren; nicht durch sich ausbreitende Armut und Elend in den Metropolen, sondern im Gegenteil durch den potenziellen Sieg über materielle Bedürfnisse und Elend. Das bedeutet, dass der Widerspruch auf Grundlage eines relativ hohen Lebensstandards in den Metropolländern entsteht.

Das Resultat dieser sich zuspitzenden Widersprüche ist die graduelle Entwicklung von etwas, das wir ein antikapitalistisches Bewusstsein nennen können. Die Entwicklung eines antikapitalistischen Bewusstseins und einer antikapitalistischen mentalen Struktur, unbewusst, aus der Mitte der Bevölkerung in den Metropolen; ein Bewusstsein, das noch weitgehend unorganisiert ist, spontan, ohne klare Ziele. Aber auf jeden Fall Bewusstsein und Instinkte, (An-)Triebe, Drang, die definitiv in Konflikt geraten mit den Werten, die das kapitalistische System tragen. Dies bedeutet, der Protest gerät in Konflikt mit dem sogenannten Leistungsprinzip, dem Realitätsprinzip, das die kapitalistische Gesellschaft beherrscht.

Wir erleben nun das langsame Aufkommen einer Opposition gegen dieses Leistungsprinzip – und ich wiederhole, einer noch unorganisierten Opposition, die noch zu einem hohen Grad spontan ist. Eine Opposition gegen die Plackerei selbst, eine Opposition gegen entfremdete Vollzeitarbeit, Opposition gegen die Tatsache, dass Leben für den

Großteil der Bevölkerung, um Marx frei zu zitieren, »Leben als ein Mittel zum Zweck und nicht Zweck in sich selbst« ist, nämlich Leben als ein Mittel, um den Lebensunterhalt zu verdienen, wie man sagt, als ein Mittel für die tägliche Reproduktion der eigenen Existenz, ohne jemals, oder erst wenn es zu spät ist, die Freude zu haben, das Leben wirklich zu genießen.

Nun, dies sind die subjektiven Tendenzen/Faktoren, die unter den Bedingungen des fortgeschrittenen Monopolkapitalismus anscheinend hervortreten. Aber, wie wir wissen, sind die subjektiven Tendenzen alleine noch nicht genug. Sie spielen eine wichtige und notwendige Rolle in der Vorbereitung einer Revolte und Revolution. Sie sind eine absolut notwendige Vorbedingung für Revolte und Revolution. Es gibt keine Revolte und es gibt keine Revolution ohne qualitative Veränderungen im Bewusstsein, im Unbewussten, in den Trieben und Zielen der Menschen selbst. Aber das Bewusstsein und das Unbewusste, die Triebe, sind nicht ausreichend. Die objektiven Bedingungen müssen vorhanden sein, unter denen die subjektiven Tendenzen heranreifen und sich übersetzen können in organisierte und geleitete politische Praxis.

Sind solche Bedingungen nachweisbar in der gegenwärtigen Situation? Ich habe bereits ausgeführt, dass es sie meiner Ansicht nach gibt, und ich kann hier – Sie wissen ohnehin, was auf dem Spiel steht – nur die wichtigsten Ausdrucksformen dieser spannungsgeladenen Umstände wiederholen.

Offensichtlich gibt es eine zunehmende Ungleichheit zwischen den Ländern der kapitalistischen Metropole und den immer intensiver ausgebeuteten Ländern der sogenannten Dritten Welt. Dort gibt es unübersehbar zunehmenden Widerstand und den Aufstieg von Unabhängigkeitsbewegungen, die eines Tages das gegenwärtige Stadium des Neokolonialismus überwinden und zu wahrer Unabhängigkeit führen könnten. In den Ländern der Metropole selbst werden die unterdrückten rassifizierten und nationalen Minoritäten aktiviert;[30] auch hier – wie ich hervorgehoben habe – werden sie jedoch noch im kapitalistischen Gefüge gehalten. Inflation und Arbeitslosigkeit setzten sich fort und nehmen zu. Und es gibt – vielleicht ist dies heute der wichtigste Aspekt – einen intensivierten Wettbewerb zwischen den kapitalistischen Ländern selbst, welcher bereits das vorrangige gemeinsame Interesse – gegen wen auch immer – am Kapitalismus bedroht, das vorrangige Interesse an der Erhaltung und dem Wachstum des kapitalistischen Systems.

Was ich hervorheben möchte, ist der Grad, in dem diese Entwicklungen tatsächlich neu sind, in welchem Maß sie anscheinend nicht der traditionellen Sichtweise der letzten Stufe des Kapitalismus entsprechen, der traditionellen Sichtweise vom Übergang zum Sozialismus – hauptsächlich wegen des sehr unterschiedlichen Levels der Entwicklung, auf dem diese Desintegration anscheinend beginnt. Genau wegen dieser aufscheinenden Neuerungen erblicken wir sogenannte unorthodoxe Formen der Revolte. Neue und unorthodoxe Formen der Revolte entsprechen, ich wiederhole mich, dem historischen Novum, der hohen Stufe materieller und kultureller Entwicklung, den neuen dem System zur Verfügung stehenden Ressourcen, der möglichen Überwindung des materiellen Mangels, der Armut und Not, und der ungeheuren Machtkonzentration in den Händen einer immer kleineren, aber auch immer rücksichtsloseren herrschenden Klasse.

Es gibt einen weiteren Grund, warum ich denke, dass wir auf neue und unorthodoxe Protestformen verweisen

30 Aktuelle Beispiele hierfür sind zum Beispiel »Black Lives Matter« in den USA und der Protest von Refugees in Deutschland/Westeuropa.

können. Es besteht die Möglichkeit, wenn nicht gar Notwendigkeit – wie ich hervorgehoben habe –, dass die Revolution des 20. oder 21. Jahrhunderts, wenn sie überhaupt stattfinden wird, radikaler und weitreichender sein wird, als alle historisch vorangegangenen Revolutionen. Es wäre eine Revolution nicht nur der politischen und ökonomischen Institutionen, nicht nur eine Revolution der Klassenstruktur, sondern auch eine totale Transformation und Umwälzung der Werte in allen Sphären und Dimensionen der materiellen und intellektuellen Kulturen.[31]

Es besteht – und ich wünschte, wir hätten Zeit, dies ausführlicher zu diskutieren – eine bemerkenswerte Kongruenz zwischen Kapitalismus und vielen der traditionellen Bilder und Konzepte von Sozialismus, die weiterhin Normen und Werte in die Bilder und Konzepte einer sozialistischen Gesellschaft einbringen, die eine sozialistische Gesellschaft immer noch an den höchstentwickelten Kapitalismus binden würden.

Ich denke speziell an die Vorstellung einer immer effizienteren Entwicklung der Produktivkräfte, die übrigens erst jetzt anfängt, unter Sozialisten in Frage gestellt zu werden. Was notwendig ist, um den vollen und qualitativen Unterschied zwischen Sozialismus und Kapitalismus herauszustellen, ist nicht so sehr die weiter fortgesetzte immer effizientere Entwicklung der Produktivkräfte, sondern die totale Neuausrichtung der Produktivkräfte auf neue Ziele und für eine neue Lebensqualität. Angesichts dessen brauchen wir nicht nur eine politische und ökonomische Revolution, nicht nur neue Institutionen und grundlegende soziale Beziehungen, sondern auch die Aufhebung und Umwälzung des gesamten Systems der Werte, die schließlich die westliche Zivilisation am Laufen halten – in Richtung ihrer

31 Vgl. Marcuse (1999), S. 135–145.

immer repressiveren und destruktiven Aspekte, bis zum heutigen Tag.

In diesem Kontext der zunehmenden Tiefe und des zunehmenden Umfangs der Revolution, im Kontext der neuen Ziele und Möglichkeiten der Revolution kann – oder besser gesagt könnte – die Frauenbewegung einen angemessenen Platz einnehmen. Ich habe betont, dass diese meiner Meinung nach eine sehr politische Bewegung ist und dass ihr Potenzial ein höchst politisches und subversives ist.

Ich sagte neue und unorthodoxe Formen der Revolte. Was neu ist, historisch neu – wie ich bereits versucht habe herauszustellen, und was wir hoffentlich noch sehen werden –, sind nicht die geschichtlichen Träger des Wandels; das heißt, es geht nicht um eine andere Klasse als Subjekt der Revolution; keine andere Klasse. Keine bestimmte Gruppe kann die Arbeiterklasse als Subjekt und Träger radikalen sozialen Wandels vertreten oder ersetzen. Neu sind einfach, oder eben nicht so einfach, die Ausdrucksformen der Revolte, die Formen der Revolte. Neu ist auch, und darauf habe ich hingewiesen, die Arbeiterklasse selbst; nicht als eine komplett neue Klasse, aber in ihrer Zusammensetzung. Sicherlich neu im Vergleich zu der Arbeiterklasse des 19. und des frühen 20. Jahrhunderts.

Ich möchte nun sehr kurz darüber reden, wie ich diese neue und unorthodoxe Form der Opposition innerhalb der Arbeiterklasse selbst verorte. Als ein Indikator für die Situation der US-amerikanischen Arbeiterklasse lassen Sie mich nur sagen, dass die Gewerkschaftsmitgliedschaft – also der Anteil der in den Gewerkschaften organisierten Arbeiter – 1947 bei 22,9 % aller Arbeitskräfte lag, 1970 waren es nur 22,6 % aller Arbeitskräfte. Mit anderen Worten: Ein leichter Rückgang des Organisierungsgrades. Zusätzlich hat die Mitgliedschaft in Gewerkschaften in nicht-industriellen

Bereichen abgenommen und unter Regierungsangestellten zugenommen.

Nun, die US-amerikanischen Gewerkschaften haben immer, mit kurzen Ausnahmen in Perioden gewaltsamer Unterdrückung der Opposition, reformistische Strategien verfolgt, also sozusagen eher den ökonomischen Klassenkampf als den politischen. Ein paar Beispiele sollen zeigen, in welchem Ausmaß. Obwohl ich seit 1934 in den USA bin, kann ich mich an keinen einzigen politischen Streik erinnern, also was Sie einen politischen Streik nennen würden, noch erinnere ich mich an irgendeine wirksame Opposition gegen den Krieg in Indochina [Vietnam – Hrsg.] von Seiten der Gewerkschaften. Im Gegenteil.

Wie auch immer, wir müssen vorsichtig sein mit der Bezeichnung »Reformist«. Einige von Ihnen haben mich darauf hingewiesen, dass es Unsinn wäre anzunehmen, die Arbeiterklasse wäre immer in revolutionärer Stimmung. Normalerweise ist die Arbeiterklasse nicht revolutionär und äußert ihre eigene Perspektive auf den Klassenkampf in unpolitischen Streiks und so weiter, auf ökonomistischer Grundlage.

Dementsprechend müssen wir fragen, was Marx meinte, als er sagte – und ich wiederhole das Statement –: »Die Arbeiterklasse ist revolutionär oder sie ist nichts.«[32] Er wiederholt diese Aussage zwei Mal, und zwar nicht in frühen Stadien seines Denkens; ich meine in den 1860ern kurz vor dem Erscheinen des ersten Bandes des *Kapitals*.

Was bedeutet das zu sagen »Die Arbeiterklasse ist revolutionär oder sie ist nichts«? Marx selbst erklärt es an dieser Stelle nicht. Ich schlage vor – und ich denke, das wird durch sein Werk bestätigt –, ich schlage die folgende Interpretation vor: Die Arbeiterklasse ist zu normalen Zeiten

32 Marx (1865), S. 77.

revolutionär [objektiv, nicht subjektiv – Hrsg.], bevor und auch ohne dass sich revolutionäre Einstellungen in radikaler politischer Aktion ausdrücken. Die Arbeiterklasse ist insofern revolutionär, als dass ihre Bedürfnisse und Ziele mit dem kapitalistischen System unversöhnbar und unvereinbar sind; die wirklichen Bedürfnisse und Ziele sind im Konflikt mit jenen, die innerhalb des Kapitalismus selbst befriedigt werden können. Das ist die objektive Basis für den Ausdruck »revolutionäre Klasse«. Es bedeutet sicherlich nicht, dass diese Klasse ständig im Aufruhr und Aufstand ist, sich auf Revolution vorbereitend und durchführend.

Nun, mir erscheint es so, dass der Konflikt zwischen den Bedürfnissen und Zielen der Arbeiterklasse und den Möglichkeiten des kapitalistischen Systems langfristig explodieren muss. Ich muss meine Zweifel bezüglich des Ausdrucks »langfristig« wiederholen, denn bisher scheint niemand zu wissen, wie lange das dauern wird (Gelächter). Fakt ist, aus meiner Sicht und hier muss ich wiederholen, was ich zuvor sagte: Ich rede über die Vereinigten Staaten. Ich realisiere sehr wohl, dass die Situation in Frankreich und in anderen europäischen Ländern grundverschieden sein mag. Ich denke, man kann für die Vereinigten Staaten heute nicht mit klarem Bewusstsein sagen, dass die Bedürfnisse und Ziele der Mehrheit der Arbeiterklasse sich in einem unauflöslichen Konflikt mit den Bedürfnissen und Zielen befinden, die graduell, sehr graduell und allmählich, vom und im kapitalistischen System erfüllt werden können.

In diesem spezifischen Sinne können wir sagen, dass die US-amerikanische Arbeiterklasse heute keine revolutionäre Klasse in dem Sinne ist, wie er von Marx umrissen wurde. Ist dies der Fall, so sind wir nicht überrascht zu bemerken, dass eine potenziell revolutionäre Haltung sich außerhalb und gegen die Gewerkschaftsbürokratie Ausdruck verschafft – außerhalb und gegen die Gewerkschaftsbürokratie. Dieses

Phänomen ist sicherlich nicht auf die Vereinigten Staaten beschränkt.

Ich habe auf einige dieser unorthodoxen Formen der Opposition verwiesen. Die Fakten sind bekannt: Ein bisher ungekannt hohes Ausmaß von Blaumachen, einfach von der Arbeit fernzubleiben. Ein Grad und Ausmaß von – zu hohem Maß, wenn nicht komplett – unorganisierter und spontaner Sabotage in den Fabriken. Dann das totale Ausbleiben jeglichen Verantwortungsgefühls für die zu erledigende Arbeit. Der Ekel vor der Arbeit – ein totaler, man könnte sogar sagen existenzieller Ekel vor der Arbeit. Nicht nur vor den spezifischen Arbeitsbedingungen (auch wenn diese ein weiterer entscheidender Faktor sind), sondern darüber hinaus einfach Ekel vor der Arbeit, der zu erledigenden Arbeit selbst; einfach davor, acht Stunden am Tag plus die stundenlangen Fahrtzeiten und so weiter mit Arbeit zu verbringen, plus der unmenschliche Charakter der Arbeit selbst, dass diese Dinge den Arbeitenden weiterhin aufgezwungen werden trotz der immer offensichtlicheren Überflüssigkeit dieser Bedingungen.

Nun ist diese Haltung – welche, ich wiederhole nochmals, zu einem hohen Grad spontan und unorganisiert ist – vor allem unter jungen Arbeitenden verbreitet und, zu einem geringeren Anteil, auch unter der schwarzen Bevölkerung. Die Situation mit den Chicanos[33] ist etwas anders, da sie noch nicht mal eine Arbeit haben, gegen die sie in dieser Form protestieren könnten. Auf jeden Fall drückt sich diese Haltung auch in wilden Streiks aus, und die zunehmende

33 US-Bewohner und -Bewohnerinnen lateinamerikanischer Abstammung, die, so die Herausgeber der englischsprachigen Auflage, vor allem in der Landwirtschaft und weniger in der Industrie angestellt sind oder waren.

Anzahl von wilden Streiks ist meiner Meinung nach mehr als eine vorübergehende Form der Revolte. Sie breiten sich derart aus, dass sogar die Gewerkschaftsbürokratie offensichtlich unter zunehmendem Druck steht, über Lohnforderungen und Forderungen nach besseren Arbeitsbedingungen hinauszugehen.

Was sich in dieser Opposition ausdrückt, ist die Revolte gegen die gesamte Hierarchie in der Fabrik selbst. Es ist die Ablehnung jeglichen Engagements für den eigenen Job, welches übrigens an der bemerkenswerten Verschlechterung der Qualität der produzierten Waren deutlich wird.

Ich weiß nicht, ob diese Entwicklung auch in Frankreich eingesetzt hat. In den Vereinigten Staaten ist sie so offensichtlich, dass man sie nicht einmal mehr diskutieren muss. Ich weiß nicht, wie hoch zum Beispiel die Zahl der Arbeiter in der Automobilindustrie ist, die nicht daran denken würden, ein US-amerikanisches Auto zu kaufen, da sie besser als alle anderen wissen, was an den US-amerikanischen Automobilen auszusetzen ist. Und weiterer Qualitätsverlust, den Sie in praktisch allen Bereichen vorfinden. Einer, der mir gerade einfällt: Wenn Sie die Qualität von Kunstfasern von vor etwa zwanzig Jahren und heute vergleichen, können Sie einen Qualitätsrückgang feststellen. Und meiner Meinung nach ist dies weit mehr als eine vorübergehende Erscheinung. Es deutet nämlich auf den Niedergang des Leistungsprinzips hin, oder, wenn Sie so wollen, auf die sogenannte Arbeitsmoral, durch welche sich der Kapitalismus im Individuum selbst reproduziert; der Protest gegen/die Schwächung der Arbeitsmoral als Art und Weise, durch welche sich der Kapitalismus in den Individuen selbst reproduziert.

Ich habe hier bei Ihnen wieder und wieder darauf hingewiesen, wie viel Emphase diesem Aspekt gelten muss, nämlich, wie sehr das kapitalistische System sich nicht nur durch den einfachen Fakt reproduziert, dass es der Mehrheit der

Bevölkerung als eiserne Notwendigkeit auferlegt ist – Notwendigkeit natürlich nur im Sinne des Systems selbst –, sondern in welchem Maß und auf welche Weise die Individuen selbst in ihren Bedürfnissen, in ihrer Haltung, das System reproduzieren, das sie ausbeutet und versklavt, indem sie die Werte akzeptieren, für die das System steht.

Sie kennen den Begriff Statussymbol. Die Tatsache z. B., dass die Individuen ohne Terror und äußeren Druck das Bedürfnis verspüren, all das zu kaufen, was an technischen Spielereien oder Luxusgütern herausgebracht wird, weil diese vom System selbst praktisch zu einer Notwendigkeit gemacht werden. Dies zeigt, in welchem Maß die Reproduktion des Systems durch die Individuen selbst ein absolut notwendiger Mechanismus ist, um das kapitalistische System selbst zu erhalten und auszubauen.

Relativ spät wurde in der marxistischen Theorie diese gesamte Dimension entdeckt, die in früheren Formen marxistischer Theorie einfach als eine nur ideologische oder psychologische Dimension beiseitegeschoben wurde, die nicht zur Basis der Gesellschaft gehört. Nun gut, ich denke, wir haben dazugelernt und gesehen, dass sich dieser angeblich rein ideologische Prozess mit zunehmender Bewusstseinskontrolle und Indoktrination selbst sehr materiell und sehr praktisch im Verhalten der Menschen auf der Arbeit und in der Freizeit niederschlägt.

Nun spricht gegen diese Reproduktion des Systems durch die Individuen, gegen das ganze Wertesystem der kapitalistischen Gesellschaft, gegen die tatsächliche Weiterführung von entfremdeter Arbeit, dass die Opposition vorankommt und anscheinend Fortschritte macht – die radikale Opposition innerhalb der Arbeiterschaft und außerhalb der Gewerkschaften. Ich wiederhole: Worum es hier geht, ist nicht einfach eine abstrakte Unzufriedenheit mit den Arbeitsbedingungen, mit nur einigen Aspekten der

Arbeit, obwohl diese Unzufriedenheit sicherlich Teil davon ist. Worum es geht, ist nicht nur die Organisation der Arbeit in den Fabriken und Büros, worum es geht, ist nicht nur die soziale Arbeitsteilung, die einer ausgebeuteten Klasse die Produktion der Lebensnotwendigkeiten, die materielle Produktion, zuschiebt. Was hier vielmehr verhandelt wird, ist nicht nur die Hierarchie in den Fabriken, 'sondern auch – und das sehe ich als entscheidenden Unterschied an – das Konzept der Arbeit selber und seine Umsetzung. Das Konzept der Arbeit selbst, das reine Konzept und dessen Umsetzung in Produktivität wird infrage gestellt. Das will heißen, die ganze Lebensweise unter dem Kapitalismus wird jetzt hinterfragt und wird jetzt im intellektuellen Teil der Arbeiterklasse, genauso wie von Fabrikarbeitern und Büroangestellten im Produktionsprozess, selber angezweifelt.

Ich möchte nicht, dass Sie dies so verstehen, als ob die Desintegration des US-amerikanischen Kapitalismus kurz bevorstehen würde. Ich kann nicht oft genug betonen, dass wir es mit einer kleinen Minderheit innerhalb der Arbeiterklasse zu tun haben, einer kleinen Minderheit sogar innerhalb der sogenannten Facharbeiter. Aber diese kleine Minderheit könnte sehr wohl der Beginn eines Prozesses sein, der das System als Ganzes bedrohen könnte.

Das wirft die Frage auf: Kann das System diese Revolte integrieren und wie lange kann es diese Revolte integrieren? In vielen Fällen scheint es mir, dass die herrschende Klasse einen besseren Einblick in die Bedrohungen des Systems hat als jene, die selber das System bedrohen. Und wir können eine ziemlich wichtige Reorganisation des Kapitalismus beobachten, um dieser zukünftigen Herausforderung zu begegnen.

Die Reaktion auf diese zukünftige Herausforderung nimmt vorrangig zwei Formen an. Zunächst, und das ist eine sehr traditionelle Antwort, der Versuch von Teilen des Kapitals, die Spaltung innerhalb der Arbeiterbewegung selbst zu intensivieren und auszuweiten – die Spaltung innerhalb der Arbeiterbewegung selbst zu intensivieren und auszuweiten. In den Vereinigten Staaten gab es immer, um es milde auszudrücken, Konkurrenz und Gegensätzlichkeit zwischen weißen und schwarzen Arbeitern. Diese wird immer noch geschickt ausgenutzt, manchmal sogar innerhalb der Gewerkschaften.

Es gibt weitere Methoden, die Spaltung der Arbeiterschaft voranzutreiben. Die Zerstückelung des Arbeitsprozesses zum Beispiel ist eine davon. Und, zweitens, die vielleicht in der Zukunft wichtigste: die Bemühungen von Teilen des Managements, den Arbeitern selbst das zu geben, was mehr Eigenverantwortung im Job genannt wird. Das ist sehr interessant und anscheinend paradox. Während die Arbeitsteilung vorangetrieben und somit die Hierarchie in der Fabrik gestärkt wird, werden zugleich Versuche unternommen, dieser Arbeitsteilung entgegenzuwirken, indem dem einzelnen Arbeiter oder einer kleinen Gruppe von Arbeitern mehr Verantwortung, mehr persönliche Mitwirkung, sogar Stolz auf die Arbeit, die sie machen müssen, ermöglicht wird. Zum Beispiel werden, anstatt ihnen nur sehr wenige Teile der Ware, die hergestellt werden soll, zu geben, nun größere Produktionseinheiten gebildet, sodass ein immer größerer Teil des Endprodukts tatsächlich von einem oder einer kleinen Gruppe von Arbeitern gefertigt wird.

Dies wurde vor allem, soweit ich weiß, in der Elektronikindustrie und in [der Automobilindustrie in – Hrsg.] Detroit gemacht. Und das Resultat war in den meisten Fällen ein Anstieg der Produktivität der Arbeit. Ein Anstieg der Produktivität der Arbeit, der, natürlich, den kapitalistischen Unternehmen zu Gute kam.

Die Frage ist: Kann diese Tendenz innerhalb des Rahmens des Systems gehalten werden? Ich denke, wir können sagen, dass der Kapitalismus für eine lange Zeit in der Lage sein wird, vor allem wenn Neoimperialismus und Neokolonialismus fortwirken, Lohnzuwächse zu verkraften. Das will heißen, es wird möglich sein, die Inflation und die höheren Preise einerseits und die höheren Löhne andererseits auszubalancieren, allerdings natürlich mit der traditionellen Lücke zwischen Reallöhnen und höheren Preisen.

Es ist denkbar, dass unter den derzeitigen Bedingungen, insbesondere wenn jeglicher Zusammenbruch innerhalb der kapitalistischen Peripherie und der Dritten Welt verhindert werden kann, diese Forderungen der Arbeiterschaft weiter integriert werden. Anders wird es in einem Stadium sein, in dem die Forderungen für eine komplette Umstrukturierung der Fabrikarbeit die Hierarchie in den Fabriken selbst herausfordert, die heute noch zu einem hohen Ausmaß hinter der Technologie verschleiert wird. Damit meine ich, dass die hierarchischen Arbeitsstrukturen als technische Notwendigkeit, als technisch notwendig, präsentiert werden, während es in Wirklichkeit mindestens höchst fragwürdig ist, ob sie eine technische oder technologische Notwendigkeit sind oder ob es sich nicht einfach um die Instrumentalisierung technologischer Begriffe handelt mit dem Ziel, eine tatsächliche politische Hierarchie zu vertuschen.

Es bleibt aber, wie gesagt, ein Hauptproblem, sogar wenn die Hierarchie selbst in Frage gestellt wird: Tendiert diese Opposition in nachweisbarer Weise zu einer Revolution, die nicht nur den Kapitalismus abschafft, sondern vielleicht auch eine neue Art von Sozialismus hervorbringt, nämlich einen Sozialismus, der sich in jedwedem Aspekt qualitativ unterscheidet, und einen Bruch mit dem Kapitalismus, also – wie gesagt – die radikale Transformation der Werte, von denen ich sprach? Es scheint mir so, als wäre nur die entschiedene Umorientierung der Produktion selbst eine revolutionäre Veränderung in diesem Sinne. Eine totale Neuausrichtung der Produktion, zuerst natürlich die Abschaffung von Armut und Elend wo immer sie heute in der Welt existieren. Zweitens eine totale Wiederherstellung der Umwelt und die Schaffung von Raum und Zeit für Kreativität; Raum und Zeit für kreatives Tätigsein anstelle entfremdeter Arbeit als Vollzeit-Inanspruchnahme.

Wir müssen diese Ziele nur derart formulieren, dass wir sehen, was das tatsächlich beinhaltet, nämlich dass eine solche Revolution, die das kapitalistische System durch ein wirklich sozialistisches System ersetzt, zugleich einen niedrigeren Lebensstandard für die privilegierte Bevölkerung in der Metropole bedeuten könnte, vielleicht sogar notwendig bedeutet. Die Abschaffung von Verschwendung, Luxus, geplanter Obsoleszenz, unnötiger Dienstleistungen und Waren aller Art mag wohl einen niedrigeren Lebensstandard mit sich bringen, der jedoch für den möglichen Beginn einer freien sozialistischen Gesellschaft kein zu hoher Preis sein dürfte.

Die »entfremdete Arbeit« durch Kreativität ersetzen

Interview mit Herbert Marcuse,
»Le Monde« 1974

Herbert Marcuse, der seit dem 8. April in Paris war, hielt einen Kurs an der Universität Paris VIII Vincennes über die aktuelle Situation der amerikanischen Gesellschaft und insbesondere über die Kraft des Protests der Frauenbefreiungsbewegung[1]. Einige Tage vor seiner Rückkehr in die Vereinigten Staaten war er gerne bereit, sich mit Pierre Dommergues und Jean-Michel Palmier zu unterhalten und die wesentlichen Züge seiner aktuellen Analyse des Kapitalismus zu umreißen. Das Interview erschien am 10. Mai 1974 in »Le Monde«.

Wie charakterisieren Sie das aktuelle Stadium des westlichen Kapitalismus?

Um sich zu verteidigen, muss der Kapitalismus heute die Konterrevolution im Landesinneren sowie außerhalb seiner Grenzen organisieren. In den Vereinigten Staaten ist die Reaktion sichtbar im Ausbau der Kontrollen, der direkten oder indirekten Zensur, der offensichtlichen Resignation des Kongresses gegenüber der Exekutive, der Beseitigung oder Unterdrückung der radikalen Opposition, der verschiedenen Formen der Verschleierung.

1 Vgl. Anmerkung 13, S. 125.

Die Konterrevolution[2] ist größtenteils präventiv: der ganze Apparat ist in Stellung gebracht, obwohl im Moment überhaupt keine Gefahr einer Revolution in den am höchsten entwickelten Ländern besteht. Die Angst vor der Revolution vereint die Interessen und verbindet die diversen Formen der Konterrevolution; sie erfasst die ganze Bandbreite vom demokratischen Parlamentarismus bis zur Diktatur, zu der sich der Polizeistaat nebenbei bekennt. Der Kapitalismus reorganisiert sich nach einem nationalen sowie einem globalen Plan, um dem Gespenst einer Revolution entgegenzutreten, die die radikalste aller historischen Revolutionen wäre. Er weiß ganz genau, wenn es zu einer grundlegenden Veränderung in den am höchsten entwickelten und mächtigsten Ländern der Welt käme, sich die Konstellation der Politik auf eine fundamentale Weise ändern würde und dass dies sehr wohl das Ende des kapitalistischen Systems bedeuten könnte.

Wer regiert Amerika?

Viele aktuelle Theorien behandeln dieses Problem. Die geographische Analyse eines Konflikts zwischen den ältesten Industrien und den Banken des Ostens einerseits und den neueren Industrien andererseits, welche in gewisser Weise vom Süden und Südwesten geschaffen wurden (zum Beispiel in der Erdölsparte in Texas), ignoriert die gemeinsamen Interessen der Bourgeoisie, die in den wichtigsten Entscheidungen konvergieren. Das von Galbraith und Daniel Bell[3] entwickelte Konzept der Entstehung einer

2 Weitgehend ausgeführt sind Marcuses Überlegungen zu dem, was er als konterrevolutionäre Gegenbewegung identifiziert, in der Aufsatzsammlung *Konterrevolution und Revolte* (1973).

3 Vgl. Vorlesung 2 (*Die Ideologie der postindustriellen Gesellschaft*) und besonders Anmerkung 9, S. 58.

neuen besitzenden Wissensklasse, die die Macht mit der herrschenden Klasse teile, negiert den Fakt, dass die Technokraten nicht die Herren ihrer Entscheidungen sind, dass sie von der herrschenden Klasse abhängig sind und dass sie sich in diesem Rahmen herausbilden.

Die Analyse von C. Wright Mills ist heute die angemessenste.[4] Die herrschende Klasse setzt sich aus drei verschiedenen Gruppen zusammen: Die Direktoren der großen Firmen, die Politiker und die Militärs.

Wer trifft die finale Entscheidung?

Das kann nicht mit Sicherheit gesagt werden. Ich für meinen Teil nehme an, dass die Entscheidungen meist das Resultat eines Kompromisses sind. Aber, letztendlich, entscheidet das Großkapital: und die Stärkung der Herrschaft dieser Gruppe wird durch die Politik und das Militär abgesichert.

Die Zunahme der Gewalt

Was ist der Unterschied zwischen der klassischen Bourgeoisie und der heutigen Bourgeoisie?

Die heutige Bourgeoisie ist immer noch die herrschende Klasse, aber sie hat als solche signifikanten Veränderungen

4 Marcuse schätzte die Arbeiten des amerikanischen Soziologen C. Wright Mills sehr. Davon mehrere Hinweise in *Der eindimensionale Mensch* (2014): »Ich möchte auch die hohe Bedeutung des Werkes von C. Wright Mills [...] hervorheben«, heißt es dort auf Seite 14. Besonders mit Mills Analysen über die Veränderung der amerikanischen Beschäftigten- und Angestelltenklasse, die er in seinem Band *White Collar* 1951 veröffentlichte, und dem Einfluss der ökonomischen Eliten auf die amerikanische Politik in *The Power Elite* von 1956 setzte sich Marcuses auseinander.

durchlaufen. Die Zersetzung – sogar die Desintegration – des bourgeoisen Apparates zeigt sich in der Abnahme des Unterschieds zwischen legalen und illegalen Angelegenheiten: Eine mafiöse Macht dehnt sich in alle Bereiche aus.

Diese Zersetzung ist verbunden mit einer ständig zunehmenden Gewalt, legaler und außergesetzlicher Gewalt; grundlose Gewalt in einer Reihe von Fällen; politische Gewalt zu einem erheblichen Teil. Es ist nicht nötig, an die Mordserie zu erinnern, die mit Malcolm X begann, um bei den Kennedys zu enden.[5] Habe ich etwas vergessen? Ich weiß es nicht ...

Die Bourgeoisie stellt weniger als je zuvor einen monolithischen Block dar. Die Konflikte im Inneren der Bourgeoisie sind vielleicht schwerwiegender, als diejenigen, die von den Massen beklagt werden. Die Bourgeoisie entwickelt heute immer noch die Produktionskräfte, aber im Unterschied zur klassischen Bourgeoisie in eine immer destruktivere, verschwenderischere und repressivere Richtung: Ich denke an die Herstellung von technischen Geräten zur Bewaffnung und an die Verwendung der Elektronik, um die Überwachung und Kontrolle der Bevölkerung zu sichern usw. Das ist es, was die aktuelle herrschende Klasse von der klassischen Bourgeoisie unterscheidet, die nach Marx – und das muss immer wieder betont werden – eine fortschrittliche Funktion hatte.

Wer hat den Krieg in Vietnam beendet?

Es gab gegensätzliche Zwänge. Einerseits hat die Opposition der Studierenden und der Intellektuellen generell eine wichtige Rolle gespielt. Aber die Opposition ist ebenfalls, trotz aller Plausibilität, aus der Mittelschicht und zugleich aus einer Fraktion der herrschenden Klasse gekommen,

5 Vgl. Anmerkung 3 in den Vorlesungen, S. 47.

welche in Betracht zog, dass der Krieg immer teurer geworden ist.

Aber vergessen Sie nicht, dass man nicht wirklich von einem Ende des Krieges in Vietnam sprechen kann, denn der Krieg setzt sich in diversen Formen fort[6], nicht nur in Vietnam, sondern in ganz Indochina, wie die aktuellen Luftangriffe auf die befreiten Zonen beweisen und die massive Fortsetzung der amerikanischen Hilfe dabei. Die aktuelle Diskussion über das nationale Budget im Kongress ist Anlass für die südvietnamesische Regierung, erhöhte Waffen- und Geldhilfen einzufordern. Als sich herausstellte, dass der Kongress nicht für eine Fortsetzung der Hilfen stimmen wird, hat das Pentagon plötzlich wichtige Reserven entdeckt, deren Existenz es vergessen hatte. Die Vietnamesen konnten entsprechend eine erhöhte Unterstützung ohne Zustimmung des Kongresses erhalten.

Was sind die neuen Formen des amerikanischen Imperialismus nach außen?

Heutzutage manifestiert sich der Imperialismus nicht mehr hauptsächlich durch eine offene und sichtbare Besetzung eines Landes, sondern durch mehr oder weniger direkte Arten des Eindringens und der ökonomischen Ausbeutung. Es geht weniger darum, Kapital zu exportieren als darum, Produktionseinheiten in Länder zu verlagern, wo die Produktionskosten niedriger sind. Darüber hinaus können die imperialistischen Länder immer mehr auf die einheimischen Regierungen der »Dritten Welt« zählen, auf faschistische Regierungen, Militärdiktaturen, um die

6 Mit dem Friedensvertrag von Paris am 27. Januar 1973 galt der Vietnamkrieg als offiziell beendet, was letztlich aber nur den Rückzug der amerikanischen Truppen, nicht aber das Ende der militärischen Auseinandersetzungen zwischen Nord- und Südvietnam bedeutete.

authentischen Unabhängigkeitsbewegungen zu bekämpfen und diese Länder unter die Macht der Metropole zu stellen. Das ist insbesondere in Lateinamerika der Fall.[7]

Die Grenzen des demokratischen Kapitalismus

Können wir noch von Demokratie sprechen?

Wir können dort insoweit von einem demokratischen Rahmen sprechen, wo das System sich, außer in Extremsituationen, nicht oder noch nicht durch Terrorismus oder durch terroristische Methoden aufrechterhält. Unter normalen Bedingungen kann sich das System auf demokratische Prozesse stützen, denn diese sind größtenteils manipuliert. Ich habe das Paradox einer Demokratie aufgezeigt, in der ein Kandidat bei Wahlen über ein Vermögen verfügen muss, wenn er die kleinste Chance haben will, gewählt zu werden. Ohne Zweifel werden die Freiheiten und die zivilen Rechte noch respektiert, aber die neuesten Entscheidungen des obersten Gerichtshofs zeigen, dass die Korrosion und der Abbau dieser Rechte und dieser Freiheiten sich beschleunigen.

Ich denke, dass es eine inhärente Grenze der Demokratie gibt, nicht im demokratischen System an sich, aber im demokratischen System, solange es sich in der politischen Form des Kapitalismus bewegt. Ich glaube nicht, dass die parlamentarische, bourgeoise Demokratie eine Demokratie bleiben würde, wenn ein ernsthaftes Risiko bestünde, dass der überwiegende Teil der Stimmen dem Establishment feindlich gesinnt wäre.

7 Offensichtlich waren die US-amerikanischen Einflüsse indirekter Art, wie in Nicaragua; oder direkter Art, wie die Beteiligung der CIA am Putsch gegen Salvador Allende in Chile 1973.

Was sind die Auswirkungen der Watergate-Affäre?[8]

Man sollte die langfristigen Konsequenzen nicht überschätzen. Je mehr ich über diese Affäre nachdenke, desto mehr ziehe ich in Betracht, dass es sich um Konflikte, Antagonismen und Spannungen im Inneren der herrschenden Klasse mit ihren Lakaien handelt. Aber die Absetzung von Nixon wäre alles andere als eine gute Sache für die Opposition. Ford würde zum Retter, zum »reinen Mann«, hinter welchem sich die republikanischen Wähler 1976 und 1980 gruppieren würden.

Sehen Sie einen wirklichen Unterschied zwischen den Interessen, die die Demokraten repräsentieren und jenen, die die Republikaner verteidigen?

Es gibt offensichtliche Unterschiede zwischen den zwei Parteien; und bis heute wurde die demokratische Partei mehr als eine Partei des Volkes angesehen denn der Arbeitgeber und des Großkapitals. Ohne Zweifel ist dies einerseits ein Mythos. Ich nehme dennoch an, dass die wichtigsten ökonomischen Kräfte hinter den Republikanern stehen und nicht hinter den Demokraten. Es ist wahr, dass beide Parteien dazu da sind, das System zu erhalten. Gleichwohl denke ich, dass der Austausch der aktuellen Verwaltung durch eine demokratische Regierung zu einer weniger schlimmen Form zurückführen würde.

Wie hat man es geschafft, die Armen, die Arbeitsunfähigen, die Arbeitslosen in Schach zu halten, welche ein Fünftel oder ein Viertel der Bevölkerung ausmachen?

Sie haben sich nicht organisiert, sie haben kein politisches Bewusstsein, sie sehen keinerlei Möglichkeiten, sich zu befreien. Und das, ohne von dem Antagonismus zu

8 Vgl. Anmerkung 6, S. 51.

sprechen, der schon immer zwischen der großen Mehrheit der abhängigen Bevölkerung – im Grunde die arbeitende Klasse – und den Gruppen existierte, die an oder unterhalb der Armutsgrenze leben. In marxistischer Terminologie stellen sie eine Art industrielle Reservearmee dar. In psychologischer Terminologie verkörpern sie in den Augen jener, die eine Arbeit haben, jene also, die von ihrem Lohn oder ihrem Gehalt leben können, das Bild derjenigen, die sie selbst werden könnten, wenn sie arbeitslos würden.

Welche Auswirkungen hatten die Inflation und die Energiekrise auf den Kapitalismus und auf das Klassenbewusstsein?[9]

Das ist ein typisches Beispiel der Ambivalenzen und der Tendenzen des aktuellen Kapitalismus. Einerseits hat die Energiekrise zweifellos die großen Firmen gestärkt, die ihren Profit unglaublich gesteigert haben. Zugleich hat die Inflation den Prozess der ökonomischen Konzentration beschleunigt, die Abhängigkeit der Bevölkerung und auch ihre Integration. Zum Beispiel waren die Menschen nach einigen Wochen der Benzinrationierung sehr froh darüber, Benzin kaufen zu können, sogar für überhöhte Preise. Es gab keine Proteste.

Andererseits können Inflation und Arbeitslosigkeit das radikale Bewusstsein in der Arbeiterklasse wieder aktivieren. Das Wichtigste wird das Kräfteverhältnis zwischen den Militanten der Basis und der gewerkschaftlichen Bürokratie

9 Die sogenannte Ölpreis- und darauffolgende Energiekrise 1973/74 stürzte auch die amerikanische Wirtschaft in eine Krise. Betrug das Wirtschaftswachstum 1973 noch plus 5,6 Prozent so lag es 1974 im negativen Bereich von minus 0,5 Prozent. Die Arbeitslosenquote stieg innerhalb von zwei Jahren von 4,9 auf 8,5 Prozent, die Inflationsrate von 6,1 auf 11 Prozent (BEA, Bureau of Economic Analysis, U.S.Department of Commerce, http://www.pdwb.de/nd23.htmund U.S. Bureau of Labor Statistics).

sein. Wie lange kann die Gewerkschaftsführung die Forderungen der Arbeiter im Rahmen des Systems zurückhalten?

Haben Sie nicht unlängst angedeutet, dass die Entscheidung, mit der wir nicht nur in den Vereinigten Staaten konfrontiert sind, der Übergang zum Sozialismus oder der Übergang zum Neofaschismus sei?

Aktuell schätze ich, dass die autoritären und antidemokratischen Strömungen in den Vereinigten Staaten gegensätzliche Tendenzen mit sich bringen. Ich würde gerne in diesem Zusammenhang die Rolle der Korruption hervorheben. Die US-Amerikaner verspüren das Bedürfnis nach einem starken Mann, einem wahren Anführer. Das ist ein wichtiger Faktor. Zugleich sehen wir die Entfesselung extremer Gewalt, die Zunahme der Macht der Polizei und der Nationalgarde, die Gesetzgebung, die den Ausbau der Macht gutheißt. Dazu kommt die annähernd absolute Abwesenheit von Alternativen für die Arbeiterklasse, die das sowjetische System ablehnt und überhaupt kein anderes Bild vom Sozialismus hat.

In Die Gesellschaftslehre des sowjetischen Marxismus[10] *und* Der eindimensionale Mensch *kritisieren Sie den »Staats-*

10 Marcuses Kritik am Sowjetmarxismus erschien bereits 1958 in den Vereinigten Staaten. Der dortige Titel lautete *Soviet Marxism. A Critical Analysis.* Zahlreiche Rezensionen in kommunistischen Publikationen setzten sich bloß polemisch mit Marcuses Kritik auseinander. Das verwundert nicht, denn Marcuse analysierte die gesellschaftlichen Fehlentwicklungen, die sich von Lenin über Stalin bis hin zum Poststalinismus als »integraler Teil der gesellschaftlichen Dynamik des Sowjetsystems« zeigten. Interessanterweise verschwand in der deutschen Ausgabe, die 1964 in dem eher linksorientierten Luchterhand Verlag erschien, jede Anmerkung, die auf eine kritische Auseinandersetzung verwies. Sehr neutral lautete der Titel *Die Gesellschaftslehre des sowjetischen Marxismus.*

sozialismus«. Wie würden Sie den authentischen Sozialismus definieren?

In erster Linie als eine qualitativ andere Lebensweise. Das Maß an sozialem Reichtum, der ökonomischen und intellektuellen Entwicklungen, das heute erreicht wurde, erlaubt es, eine sozialistische Gesellschaft ohne transformierte Werte und Bedürfnisse zu errichten. Das Wichtigste ist nicht mehr, die Produktivkräfte zu entwickeln, sondern die Produktion radikal in Richtung eines Lebens auszurichten, in der es keine unnötige Unterdrückung, keine Angst und keine Gewalt mehr gäbe. Eine Existenz, die nicht mehr nur ein Mittel ist, um sich das Leben zu verdienen, sondern in der das Leben selbst Zweck ist, wo die destruktive Produktivität abgeschafft wäre. Diese radikale Transformation der Werte ist seit der zweiten Hälfte des 20. Jahrhunderts zu einer konkreten Möglichkeit geworden und verändert entscheidend das Bild der sozialistischen Gesellschaft an sich. Aber das setzt zunächst voraus, dass die Produktivkräfte vergesellschaftet werden, ihre Kontrolle durch die, wie Marx es nannte, »freie Assoziation der Individuen«, eine Planwirtschaft orientiert auf die Abschaffung der Armut und des Mangels, die Entwicklung der Bedürfnisse nach Freude und Lust. Es müsste auch eine radikale und ästhetische Umstrukturierung der Umwelt mit der Perspektive einer gewaltfreien Existenz eingeleitet werden, die die Negation des Leistungsprinzips wäre. In Freudscher Terminologie würde dies die Ersetzung des Leistungsprinzips durch ein anderes Realitätsprinzip bedeuten, welches die authentische Befreiung der Existenz erlauben würde. Dieses neue Realitätsprinzip würde nicht mehr das Lustprinzip verneinen, da es den Rückgang der entfremdeten Arbeit und der »Arbeitsmoral« implizieren würde; ein Ersetzen durch derartige kreative Arbeit, dass die Kreativität einen immer wichtigeren Platz in jedem Individuum einnehmen würde.[11]

Was wäre die Rolle der »Emanzipation der Sinne« in dieser globalen Transformation der Existenz?

Die Menschen würden wieder erlernen – falls sie es jemals konnten – wahrzunehmen, zu fühlen, Dinge zu berühren, ob es sich dabei um einfache Objekte oder um Wesen handelt. Diese komplett neuen Wahrnehmungsweisen wären auf eine Transformation der Welt gerichtet, die den Menschen erlauben würde, so zu leben, dass sie ihre Fähigkeiten zum Genießen, zur Kreativität und zum Lieben herausbilden könnten.

Die Emanzipation der Sinne

In Versuch über die Befreiung[12] *gestehen Sie der ästhetisch-erotischen Sphäre und den neuen Bedürfnissen, die unter der Jugend aufkommen, große Bedeutung zu. Sie haben sogar ihre Revolte der »Moral« und der »Ästhetik« ...*

Ich messe dem Wort »Ästhetik« seine ursprüngliche Bedeutung bei: »der sich auf die Sinne bezieht« und nicht seine beschränkten Sinne, sondern »der sich auf die Kunst bezieht«. Die Wichtigkeit dieser ästhetischen Revolte ist

11 Vgl. hierzu: Marcuse (2004/1955).

12 *Versuch über die Befreiung* erschien erstmals 1969 und stellt die Begriffe vor, die Marcuse nach dem Ende der 68er-Revolte und den politischen Fehlentwicklungen im Osten für eine gesellschaftliche Veränderung als zentral ansieht: die Idee eines neuen Menschentyps, »eine triebmäßige Transformation« als »Faktor sozialen Wandels«, die große Weigerung als neue Form revolutionären Aufbegehrens, eine neue Sensibilität, neue Formen der Solidarität, Formen rebellischer Subjektivität, die »vulnerable groups« als Katalysatoren einer Veränderung.

mit der progressiven Transformation des Körpers verbunden. Dieser soll zu einem Instrument der Lust statt einem Instrument der entfremdeten Arbeit werden. Diese Transformation des Körpers wird zu einem neuen Erleben des Seins führen. Das ist es, was Marx selbst in seinen ersten Schriften über die »Emanzipation der Sinne« erwartete. Diese Frage nimmt natürlich später wenig Platz in seinem Werk ein, denn das Bild einer sozialistischen Gesellschaft erfordert vor allem eine präzise Analyse der Dynamik des kapitalistischen Systems und seiner historischen und empirischen Tendenzen. Die Errungenschaften des kapitalistischen Systems haben die tatsächlichen Möglichkeiten der Befreiung stark erhöht. Die Herausforderung ist, Mensch zu sein, körperlich genauso wie im Geiste. Das Konzept der Emanzipation der Sinne ist nicht länger ein philosophisches Konzept, sondern ein fundamental politisches Konzept, welches sich auf eine radikale politische Praxis bezieht. Jeder lehnt heute im Geiste und mit seiner Sensibilität die erlebte Unterdrückung ab. In der Ablehnung einer Welt, die im Namen des Wohlergehens Wachstum und Zerstörung verwechselt, Barbarei und Luxus, Verschwendung und Freiheit, revoltiert die Jugend der Industriegesellschaften, angetrieben von Bedürfnissen, die zugleich moralisch wie politisch und ästhetisch sind.

Der Ausdruck »sexuelle Befreiung« ist nicht mehr nur ein revolutionärer Slogan. Erlaubt er nicht, manipuliert durch das System, repressives Verhalten zu rechtfertigen?

Von der Forderung nach einer freieren Sexualität, die sich zugleich dem Leistungsprinzip, der entfremdeten Arbeit und der repressiven Ideologie gegenüberstellt, müssen falsche Freisetzungen und falsche Träume unterschieden werden. Das ist das, was ich im *Eindimensionalen Menschen* »repressive Entsublimierung« genannt habe. Man findet es zum auffälligen Beispiele in der »Playboy«-Industrie mit der Kommerzialisierung des Körpers, insbesondere des weiblichen Körpers als universell verkäufliches Symbol der Sexualität. Die Praxis, nackt durch die Straße zu rennen, ist ein wunderbarer Fall von repressiver Entsublimierung. Diese Leute, die ihre Nacktheit zeigen, sind zur gleichen Zeit so sehr von Schuldgefühlen und Scham geplagt, dass sie oftmals ihr Gesicht bedecken. Es ist unmöglich, die sexuelle Befreiung zu organisieren, und wir stoßen uns immer am Auftreten des gleichen Teufelskreises: Es gibt keine individuelle ohne gesellschaftliche Befreiung, aber gleichzeitig impliziert die gesellschaftliche Befreiung die Befreiung jedes Individuums.

Die Integration der US-amerikanischen Arbeiter

Wie können wir heute das revolutionäre Potenzial evaluieren, welches die 1960er Jahre charakterisiert hat?

Was die Schwarzen angeht, war die Bewegung zu großen Teilen politisch und radikal in dem Maße, wo sie zu Veränderungen der Institutionen und damit einhergehend der Verhältnisse im Inneren des Systems führte. Die generelle Tendenz heute ist die Integration der Bewegung: Man ist von einer militanten Position – kann man sagen anarchistisch? – zu einer reformdemokratischen Form gekommen. Die »Black Panther Party«, die ursprünglich eine radikale Organisation war, handelt heute im legalen Rahmen des kapitalistischen Systems.

Warum diese Anpassung?

Weil es heute, selbst in der Schwarzen-Bewegung, keinen Raum mehr für revolutionäre Aktion gibt. Es wäre herablassend, den Schwarzen diese Deradikalisierung vorzuwerfen. Als ob sie, nur da sie arm oder unterdrückter sind, radikal sein müssten! Sie können in einer Situation, in der es keinen Raum auch nur für die geringste Form radikaler Praxis gibt, nicht die Reformisten verdammen.

Außerdem denke ich nicht, dass man heute von einer marxistischen Basis bei den Schwarzen oder den Chicanos sprechen kann. Es gibt sicherlich marxistische Gruppen, aber sie sind marginal.

Um eine klassische Frage aufzugreifen: Warum hat die US-amerikanische Arbeiterklasse ein solch geringes Bewusstsein der Klassenkämpfe, wenn man es mit der Arbeiterbewegung in Europa vergleicht?

Sie können diesen Unterschied verstehen, wenn Sie die Lebensbedingungen der Arbeiter mit denen ihrer Eltern vergleichen. Es gibt ein Auto, manchmal zwei, pro Familie, Fernseher ... An welchen Teufel sollen sie glauben? Sie wollen ihnen Ihre Idee der Revolution aufzwingen, und selbstverständlich lehnen sie das ab. Natürlich gibt es Ausnahmen, vor allem unter den jungen. Aber die Arbeiter sind in einer Art von Gesellschaft aufgewachsen, in der es normal ist, zwei Autos und zwei Kühlschränke zu besitzen. Sie haben diese Gesellschaft nicht gemacht, sie haben Teil daran. Wenn Sie in den USA leben würden, wäre es sehr schwer, diesem Lebensstil nicht zuzustimmen, sofern Sie nicht marginalisiert oder extrem politisiert sind ... Ich gebe ihnen nicht die Schuld – das wäre albern –, aber ich konstatiere diese Integration. Natürlich kommt niemand mit einem Revolver an Ihre Tür, um Ihnen zu sagen: »Wenn Sie kein Fernsehgerät kaufen, knalle ich Sie ab!« Sie können sich verweigern, sagen, dass Sie diesen Ramsch nicht haben wollen, aber man übt auf Sie verschiedene Formen von Druck aus, und die heimtückischsten sind nicht physisch. Es gibt keinen Polizisten, der Sie verpflichtet, einen Fernseher zu kaufen, aber das Kind kommt von der Schule und sagt zu seinem Vater: »Charly hat zwei Fernsehgeräte.« Ich entwerfe mir immer einen imaginären Vater, der seinem Sohn antworten würde: »Es ist mir völlig egal, wie viele Fernsehgeräte Charly besitzt«, und der ihm erklären würde, warum. Niemand hindert ihn daran, so zu handeln. Zwischen dem Druck, der auf Sie ausgeübt wird, um Sie zum Konsum zu bewegen, und dem faschistischen Terror gibt es eine enorme Differenz.

Wie erklären Sie sich die relative Schwäche der US-amerikanischen Studentenbewegung gegenüber den europäischen Bewegungen?

Zunächst hat sich die Studentenbewegung ausgehend von zwei Fragen entwickelt, die heute weniger dringlich sind: die Wehrpflicht und der Krieg in Indochina. Dann gibt es die immense Verschlechterung des Arbeitsmarktes. Jede Erwähnung einer radikalen politischen Aktivität in Ihren Unterlagen verdammt Sie zur Arbeitslosigkeit. Hinzu kommt die Intensivierung der durch die Polizei, die Justiz und die anderen Ordnungsmächte ausgeführte Repression. Aber die Studentenbewegung ist trotzdem nicht verschwunden. Sie ist in eine Phase der Reorganisierung und Neugruppierung eingetreten. Es muss auch hervorgehoben werden, dass es an den US-amerikanischen Universitäten keine marxistische Tradition gibt, welche mit der, wie Sie sie in Europa kennen, vergleichbar wäre. Aber ich erachte es als einen sehr positiven Fakt, dass die US-amerikanischen Studenten heutzutage Studier- und Forschungsgruppen gründen.

Möchten Sie damit sagen, dass sie den »klassischen« Marxismus studieren?

Ja, und zwar sehr gewissenhaft. Sie haben es nie zuvor gemacht. Ich glaube, dass die Universität weiter ein besonders guter Ort für die Entwicklung des Protests ist. Viele

Radikale kommen von der Universität. Dort betreibt man die Analyse einer Situation und untersucht die Mittel und Möglichkeiten, wie dem zu entkommen ist. Deshalb bedeutet das nicht, dass man die Universität zerstören sollte, sondern dass man Kurse einfordern muss, die nicht Teil des offiziellen Programms sind. Ich denke zum Beispiel an Kurse über die Geschichte des Imperialismus, die marxistische Ökonomie, die Geschichte und Struktur der Revolutionen.

Die weiblichen Qualitäten

In Ihren Kursen, in San Diego ebenso wie in Vincennes, haben Sie die Bedeutung der Emanzipationsbewegung der Frauen und des Verhältnisses von Feminismus und Marxismus hervorgehoben.[13]

Die Emanzipationsbewegung der Frauen ist ein Produkt der patriarchalen Industriegesellschaft, welche nicht

13 Am 7. März 1974 hielt Herbert Marcuse auf Einladung des »Center for Research on Women« an der Stanford University den Vortrag *Marxism and Feminism* (deutsche Übersetzung in: Marcuse, Herbert (1975): *Zeit-Messungen*, Frankfurt/Main). Eine Printversion des Vortrags verbreitete sich schnell von Stanford über Paris nach Berlin. Vgl. *Zu Marxismus und Feminismus. Gespräch mit Herbert Marcuse*, links, 66, Januar 1975, S. 9–10 und *Was ist Weiblichkeit?* in: Schwarze Protokolle, 11, Berlin, Mai 1975. Ein ausführliches Gespräch mit Herbert Marcuse über seine Thesen führten im Juli 1976 im schweizerischen Pontresina die Literaturwissenschaftlerinnen Silvia Bovenschen und Marianne Schuller. Beide gehörten zu den Aktivistinnen der westdeutschen Frauenbewegung. Veröffentlicht mit dem Titel *Weiblichkeitsbilder*, in: Habermas/Bovenschen u.a. (1978), S. 65–91. In ihrem Beitrag *Marcuse, die Wirklichkeit und eine alte Utopie* setzt sich die Historikerin Susanne Kill fünfzehn Jahre später mit Marcuses Thesen und mit der Rezeptionsgeschichte innerhalb der feministischen Bewegung auseinander (in: Jansen (Hrsg.) (1990), S. 99–109). Vgl. auch das hier veröffentlichte Gespräch aus »Le Monde«.

nur aus der ökonomischen Situation der Frau verstanden werden muss, sondern auch aus einer Zivilisation, die komplett durch das Männliche dominiert ist. Die Frauen bilden keine »Klasse« im Marxschen Terminus, aber die Bedürfnisse und Möglichkeiten der Frauen sind zu großen Teilen durch den Klassenkampf bestimmt. Die Weiblichkeit ist keine generelle Kategorie, die man der »Männlichkeit« entgegensetzen könnte. Das ist ein historischer Prozess, in welchem das Gesellschaftliche, das Psychologische und das Physiologische zusammentreffen. Alle »weiblichen« Charakteristiken sind historisch determiniert, auch wenn sie als eine »zweite Natur« erscheinen, welche vielleicht auch noch in den neuen Institutionen fortbestehen würde. Es kann eine Diskriminierung gegenüber den Frauen im Sozialismus geben. Durch ihre eigene Dynamik gehört die Frauenbefreiungsbewegung zum Kampf für die Revolution, für die Befreiung der Männer und der Frauen. Sie bekämpft die ökonomische Unterdrückung genauso wie die kulturelle Unterdrückung. Ohne Zweifel können viele der Forderungen der Frauen innerhalb des Kapitalismus befriedigt werden, aber die äußersten Ansprüche der Bewegung sind mit der Klassengesellschaft unvereinbar. Sie brauchen eine Gesellschaft, die auf einem anderen Realitätsprinzip aufbaut. Es gibt in dieser Bewegung die Vorstellung von neuen gesellschaftlichen Institutionen, aber auch von einem anderen Bewusstsein, anderen Bedürfnissen, anderen Beziehungen zwischen Mann und Frau, in denen Entfremdung und Ausbeutung abgeschafft sind. Das Bild von der Frau ist das des Eros, der Lebensinstinkte, die sich den Instinkten des Todes und der Zerstörung entgegenstellen. Es wäre interessant zu wissen, warum die Werte des Lebensgenusses als typisch feminin und nicht maskulin erscheinen. Es handelt sich dabei um das Ergebnis unserer ganzen Geschichte, in deren Verlauf sich der Schutz der etablierten

Gesellschaft und ihrer Hierarchien durch die brutale Kraft des Mannes erfolgte, wohingegen die Frau zu den Kindern verbannt wurde. Die Dominanz des Mannes hat sich dann auf die militärische, soziale und politische Herrschaft ausgeweitet, während die Frau immer mehr wie ein niedrigeres Wesen erschien, ein sexuelles Objekt, ein Instrument der Reproduktion. Einzig im Bereich der entfremdeten Arbeit erkannte man sie als dem Mann gleichwertig an, aber ihre intellektuelle Entwicklung wurde genau wie ihre erotische Entfaltung blockiert. Ihre Sexualität darf sich nur in der Reproduktion und der Prostitution entfalten. Einzig in Bewegungen wie etwa der katharischen Häresie wurde sie als ein Symbol der Liebe glorifiziert; kontrastiert durch die männliche Aggressivität und Brutalität.

Wenn der Körper der Frau ein Faktor der Mehrwertgenerierung geworden ist, erscheint die Emanzipation der Frau als eine entscheidende Kraft in der Errichtung des Sozialismus und eines qualitativ anderen Lebens.

Was verstehen Sie unter diesem Ausdruck?

Die radikale Negation eines Lebensstils, der auf dem Leistungsprinzip beruht, die Abschaffung der repressiven Werte, die Entwicklung neuer Bedürfnisse, einer neuen Sensibilität, die die männliche Herrschaft bis jetzt verhindert hat. Die Antithese maskulin-feminin würde also in eine Synthese transformiert, die die antiken Mythen der Androgynität, Symbol der allen durch die patriarchale Gesellschaft auferlegten Kränkung, ausdrücken. Keine andere rationale Bedeutung kann der Idee der Androgynität beigemessen werden als die der Vereinigung mentaler und somatischer Charakteristika im Individuum, die in einer patriarchalen Zivilisation bei den Frauen und Männern ungleich herausgebildet wurden; eine Vereinigung, in der die femininen Qualitäten, zusammen mit der Abschaffung der männlichen Dominanz, ihre Unterdrückung überwinden würden.

Diese Synthese könnte neue Beziehungen zwischen Mann und Frau hervorbringen, aus denen für immer Gewalt, Ausbeutung und Demütigung ausgeschlossen wären.

Verschwunden, aber nicht vergessen

Die Reformuniversität Vincennes

Lukas Wieselberg

Von Bourdieu bis Foucault, von Lyotard bis Cixous: An der Universität Vincennes in Paris haben fast alle Intellektuellen Frankreichs der 68er-Bewegung gelehrt. Von 1969 bis 1980 beherbergte die am östlichen Stadtrand von Paris gelegene Universität nicht nur das Who is Who der progressiven Geisteswissenschaft. Sie war auch ein akademischer Experimentierraum mit neuen Fächern und neuen Lehrmethoden. Hier gab es kaum noch frontale Vorlesungen, der Umgang von Studierenden und Professoren war demokratischer, man duzte sich und an einzelnen Fakultäten herrschte Selbstverwaltung.

Pascal Binczak, der Rektor der Vincennes-Nachfolgeuniversität in St. Denis, nannte die Universität anlässlich des 40-Jahr-Jubiläums 2009 »eine Schöpfung des Freiheitsgeistes, der im Mai 68 geweht hat. Ein hervorragendes Laboratorium der kritischen Analyse der gegenwärtigen Welt. Die Wiege eines Denkens, deren Ausstrahlung international war.« Der »Nouvel Observateur« schrieb von »elf goldenen Jahren dafür, was die Amerikaner French Theory nennen. Innerhalb weniger Stunden konnte man in Vincennes hören, wie Jean-François Lyotard über das Begehren philosophiert, oder wie Jacques Rancière dialektischen Marxismus unterrichtet. Auf der Seite der Literaturwissenschaft gab es Roland Barthes, und der Linguist Noam Chomsky, frisch aus den USA in seinen Blue Jeans gelandet, faszinierte das Auditorium mit der Klarheit seiner Ausführungen.«

Dazu kam noch die Psychoanalyse, die nur in Vincennes außerhalb der Medizin studiert werden konnte, geführt von einem Schüler Jacques Lacans. Weitere »Prominente« der Uni: Michel Foucault übernahm das Schlüsseldepartment der Philosophie, dazu gesellten sich Pierre Bourdieu, Alain Badiou, Michel Serres, Hélène Cixous und Etienne Balibar. Gilles Deleuze kam später dazu, auch die Lacanianer Serge Leclaire und Judith Miller, die Tochter von Lacan. »Die Crème de la Crème der besten Schulen des Landes, die Lacan-Althusser-Aristokratie«, kommentierte einmal der Politologe Daniel Lindenberg.

Dass es überhaupt zu dieser Hochburg der French Theory gekommen ist, ist einem Schachzug der gaullistischen Regierung nach Mai 68 zu verdanken. Da die Unruhen die Pariser Innenstadt arg in Mitleidenschaft gezogen hatten, ließ sich der Unterrichtsminister Edgar Faure nach Beratung durch den Historiker François Furet etwas einfallen: Die neue Universität wurde an den östlichen Rand der Hauptstadt verpflanzt – der Bau erfolgte in Rekordzeit von August bis Dezember 1968, eröffnet wurde im folgenden Januar. Der Politikwissenschaftler Michel Cullin war als junger Forscher bei den Anfängen von Vincennes dabei. Er erinnert sich: »Man hatte in Paris keine positive Erfahrung mit einer anderen Universität an der Peripherie gemacht – mit Nanterre, wo 68 die Unruhen begonnen hatten. Jetzt dachte man sich: Mit etwas ganz Neuem in waldiger Gegend, da können sich die Leute austoben, wie sie wollen, und wir in der Mitte von Paris werden nicht davon tangiert.«

Mit der Ausstattung wollte man die Studierenden offenbar beeindrucken. Geboten wurde »eine luxuriöse Experimentaluniversität mit Teppichböden in allen Stockwerken, letztem Schrei in der Videotechnik und avantgardistischem Mobiliar«, wie es der »Nouvel Observateur« beschrieb. Von Beginn an war Vincennes eine Hochburg der Studentenbewegung. Hier tummelten sich Linksradikale aller Art, Maoisten, Trotzkisten, Postmoderne, Feministinnen und andere. Herbert Marcuse sprach über die eindimensionale, kapitalistische Gesellschaft der Vereinigten Staaten, wollte das »große Verweigern« begründen. Lehrveranstaltungen wurden oft durch Diskussionen und spontane Streikaufrufe unterbrochen. Vincennes war aber nicht nur ein Schauplatz politischer Agitation. Sie war auch eine ganz neue Art von Hochschule mit neuen Fächern und neuen Formen des Unterrichts. Es gab kaum Frontalunterricht, wesentlicher Bestandteil war die Diskussion in den Seminaren. Die Vorlesungen fanden oft am Abend oder Wochenende statt, um auch Berufstätigen die Chance zur Teilnahme zu geben.

Dadurch unterschieden sich auch die Studenten und Studentinnen von jenen der Sorbonne oder anderer Hochschulen. Und zwar nicht nur hinsichtlich ihrer politischen Einstellung. Die Professoren wussten, dass sie es nicht mit klassischen Studierenden zu tun hatten. Man musste keine Matura haben, um in Vincennes zu studieren, auch Ausländer waren zugelassen. Wirklich bahnbrechend waren die neuen Studienrichtungen, die den revoltierenden Studenten angeboten wurden. Filmwissenschaft, Psychoanalyse, Theater und Kunst, ja sogar Künstliche Intelligenz konnte studiert werden. Auf Interdisziplinarität wurde großen Wert gelegt. Technik und Einrichtung der Universität waren äußerst modern.

Die Professoren zählten entweder bereits zu den bedeutendsten Intellektuellen des Landes oder wurden es später. Roland Barthes lehrte Literaturwissenschaft, Julia Kristeva gab sich auf der Linguistik die Ehre. Für sie und andere war Vincennes die lange ersehnte Möglichkeit, aus der Starre der traditionellen französischen Hochschullandschaft auszubrechen. »Das waren zum Teil Professoren, die an den klassischen Universitäten begonnen haben zu forschen und schnell ihre Grenzen entdeckt haben: etwa keine Interdisziplinarität, keine Möglichkeit zu experimentieren, oder die Möglichkeit, angewandte Forschung zu betreiben. Oft hat es sich um Leute gehandelt, die aus den Eliteschulen stammten und hohes Niveau hatten, die aber nichts mit der Sorbonne anzufangen wussten«, erinnert sich Michel Cullin.

Inhaltlich war Vincennes ein großes Paradox. Als Kind des Freiheitsgeists von 68 wurde die Universität zur Hochburg des Strukturalismus, einer Denkströmung, die »weit davon entfernt ist, nach dem Akt der Freiheit zu schauen, die im Gegenteil nach den Invarianten Ausschau hält, den Konstanten mit langer Dauer, in einer deterministischen, ja sogar wissenschaftsgläubigen Logik«, so François Dosse, Autor einer Biografie von Deleuze/Guattari.

Über zehn Jahre lang blieb die Universität das Zentrum des französischen Denkens. 1979 kam dann das Ende für Vincennes, nachdem die Universität zunehmend verwahrlost war und kleinere und größere Skandale aufgedeckt worden waren. Unter einer sozialistischen Regierung wurde die Universität nach St. Denis übergesiedelt, einem weiteren Ort an der Pariser Peripherie. Über Vincennes ist buchstäblich Gras gewachsen, an der Stelle der Universität befindet sich heute nicht einmal ein Erinnerungsstein. Die Reformuniversität ist zwar verschwunden, ihre historische Bedeutung aber ungebrochen.

Michel Cullin: »Wenn Frankreich ein intellektuelles Niveau behalten konnte seit 68, dann verdankt es das Vincennes.«

»Das Buch wird ein großer Erfolg« (Leo Löwenthal, 1964)

Peter-Erwin Jansen und Detlev Claussen im Gespräch zu *Der eindimensionale Mensch*

JANSEN: Die amerikanische Erstausgabe *One Dimensional Man* von Herbert Marcuse erschien 1964. Drei Jahre später, also genau vor fünfzig Jahren, veröffentlichte der Luchterhand Verlag eine deutsche Übersetzung von Alfred Schmidt. Als das Buch 1964 in den Vereinigten Staaten publiziert wurde, konnte keiner ahnen, wie wichtig es für die 68er-Revolte weltweit werden sollte. Marcuses Freund Leo Löwenthal prognostizierte schon im März 1964 gegenüber dem damaligen Dekan des Fachbereichs Philosophie in San Diego, dass der Band große Aufmerksamkeit in der scientific community erlangen würde.[1]

Wie wichtig war *Der eindimensionale Mensch* denn eigentlich für euch im Sozialistischen Deutschen Studentenbund und was machte das Buch so wichtig in diesen Jahren?

CLAUSSEN: *Der eindimensionale Mensch* wurde 1968 zu einem Überraschungsbestseller, vor allem in Frankreich und Italien. In Deutschland, so schätze ich das ein, lasen ihn nicht so viele, aber dafür vielleicht intensiver. Die Leute wollten wissen, was hinter den Studenten- und Arbeiterrevolten steckten, die sich über den gesamten Globus erstreckten: Paris, Berkeley, Berlin, Frankfurt, Mexiko, Prag, Rom etc. In der Bundesrepublik erlebte der massenhaft rezipierte Marcuse nur einen kurzen Sommer, und zwar 1967.

1 Leo Löwenthal an Richard H. Popkin (1964).

Von den meisten gelesen wurden aber eher die kleineren Schriften. *Der eindimensionale Mensch* wurde schon früher irritierend wahrgenommen, weil viele schnell merkten, dass das Buch ihnen nicht dieses Wissen lieferte – es ist in diesem Sinne ein sehr US-amerikanisches Buch, das linken Traditionalisten wie radikalen Operaisten nicht so gefiel. Es wurde daher vor allem in kleinen Gruppen im SDS gelesen und diskutiert, besonders heiß die sogenannte Randgruppentheorie und die Kritik am proletarischen Pathos orthodoxer kommunistischer Sektierergruppen. Die amerikanische Erfahrung, die auch von Horkheimer und Adorno geteilt wurde, versuchte, Marcuse mit einem aktiven Eingriff in die Verhältnisse der Gegenwart zu verknüpfen. Deswegen kam er im Sommer 1967 nach Berlin[2] und später immer wieder nach Frankfurt. In den Kreisen um Dutschke und Krahl hatte er aufmerksame Zuhörer und Diskutanten gefunden. Die Freundschaft mit Dutschke hielt ja bis zu Marcuses Tod im Juli 1979.[3]

JANSEN: Wie deutest du heute Marcuses Kritik an der eindimensionalen Gesellschaft?

CLAUSSEN: Als ich 1978 Angela Davis in Oakland besuchte, stellten wir beide erstaunt fest, dass *Der eindimensionale Mensch* noch viel aktueller geworden war. Als wir uns 2013 in Frankfurt wieder trafen, kam es uns beiden so vor, als habe sich die Sache noch einmal aktualisiert. 1967 hatte Marcuse (im Gegensatz zu allen Revolutionsschwärmern und -touristen) festgestellt, es gäbe kein »Außerhalb des Kapitalismus« mehr – und das in Berlin, nahe der frisch gebauten Mauer. Heute ist sie weg und jeder kann sehen, dass die Beherrschung durch die kapitalistische Ökonomie alternativlos geworden ist. Wir stehen also heute wieder vor

2 Vgl. Marcuse (1980).

3 Vgl. Briefwechsel Dutschke/Marcuse in: Marcuse (2004), S. 185–252.

der Sisyphusarbeit, eine überindividuelle kritische Subjektivität zu erzeugen. Das Empfinden sozialer Ungleichheit bringt der Neoliberalismus global hervor; es ist viel leichter zu erkennen, was die körperliche Arbeit in Deutschland und China verbindet, die geistige in Indien und den USA und trotzdem konkurrieren alle miteinander. Die körperlich arbeitenden Menschen erleben ein Gefühl der Ohnmacht, die intellektualisierten Bildschirmarbeiter ein Gefühl der Scheinsouveränität. So wie der Sozialismus im letzten Drittel des »short century« (1917–1989)[4] eine Illusion war, so ist es heute der liberale Kapitalismus, von dem der kannibalische Neoliberalismus nichts übrig lässt. Das große Gegensatzpaar der bürgerlichen Gesellschaft im »long century« (1789–1914), Sozialismus und Liberalismus, existiert nicht mehr. Beide sind im »short century« verschlissen worden. Eindimensionalität auf ganzer Linie: Das war die conditio sine qua non von Marcuses Denken, der Impetus, etwas Neues zu suchen. Das Neue, das mehr als ein Zerfallsprodukt des Alten ist, lässt sich schwer erschaffen in einer Welt, die nahezu total von der Kulturindustrie erfasst worden ist. Dieser Begriff aus der *Dialektik der Aufklärung* wird im *Eindimensionalen Menschen* aufgenommen. Er verweist auf die totalitäre Tendenz in der alternativlosen Gesellschaft, die sich selbst gern als antitotalitär, pragmatisch und unideologisch gesehen hat.

JANSEN: Interessant ist, dass sich in den sechziger Jahren explizit, ich meine damit auch mit schriftlichen Stellungnahmen zum Werk Marcuses, nur wenige, Protagonisten der sechziger Jahre geäußert haben. Einer derjenigen, der sich· im Sommer 1969 als Antwort auf einen unqualifizierten Angriff von Rolf Hochhuth gegen Marcuse in der »konkret« äußerte, war Hans-Jürgen Krahl. In seinen

4 Hobsbawm (1995).

Fünf Thesen zu Herbert Marcuse als kritischer Theoretiker der Emanzipation steht neben der Kritik an Marcuses »Revolutionsbegriff« – Krahl nennt es »Verkennung einer revolutionären Realpolitik« – besonderes eine solidarische Rekonstruktion eines rebellischen Emanzipationsbegriffs. Krahl schreibt: »Emanzipation ist nicht die Befreiung der technischen Maschinen, sondern die Befreiung der gesellschaftlichen Menschen.«[5] Über diese Diskussion zwischen Marcuse und Krahl ist nur wenig bekannt. Wie interpretierst du Krahls Aussage im Zusammenhang mit Marcuses *Eindimensionalen Menschen*?

CLAUSSEN: Aus Krahls Kritik an Marcuse im Jahr 1969 ist die Sackgasse ablesbar, in die sich die Bewegungen der sechziger Jahre hineinmanövriert hatten. Aus einer weltweiten Revolte mit sehr unterschiedlichen Wurzeln hat man eine vorrevolutionäre Situation konstruiert, die keinesfalls gegeben war. Krahl war sich – wie Marcuse – bewusst, dass Randgruppen die Gesellschaft in ihrem Kern verändern können. Eine neue Gesellschaft kann auch nicht von bloßen Opfern des alten Systems geschaffen werden. Das Erlebnis der destruktiven Kräfte im gesellschaftlichen Veränderungsprozess begann gerade erst 1969.

Der Terrorismus entstand aus einer Fetischisierung der Revolution und der Gewalt in nichtrevolutionärer Zeit. Krahl wie Marcuse lehnten ihn entschieden ab. Auch eine Rückkehr zu traditionellen Kategorien des Klassenkampfes kamen nicht weiter in Frage. Wenn Krahl das Elend der kritischen Theorie, ohne eine adäquate »revolutionäre Realpolitik« dazustehen, auch an Marcuse kritisiert, nimmt er den Mund ein bisschen voll; denn alle Studentenbewegungen im Westen haben ihre Versprechen auf eine Veränderung der Klassengesellschaften mit Augenmaß nicht

5 Vgl. Krahl (1985), S. 122–135.

halten können. Der beste Gedanke war noch der »lange Marsch durch die Institutionen«, den der 1970 ums Leben gekommene Krahl gar nicht mehr hat antreten können. Die neuen theoretischen Herausforderungen erschienen zu diesem Zeitpunkt erst in Umrissen. Ein Krisenzusammenhang des Kapitals mit der Wirtschaft war damals noch gar nicht so handgreiflich wie die Finanzkrise 2009. Damals sah man die letzten Zuckungen des Kolonialsystems und beobachtete gleichzeitig das Entstehen einer Welt ohne Erinnerung. Niemand ahnte, dass eine neue »invention of tradition« mithilfe einer allumfassenden Kulturindustrie bevorstand. Mit »Integration« war aber das verbindende Stichwort schon gefunden. Der Assimilationsdruck hat sich ungeheuer erhöht seit damals. Die Realität einer verwalteten Welt verband den *Eindimensionalen Menschen* mit der *Dialektik der Aufklärung*; aber das waren vor fünfzig Jahren theoretische Antizipationen eines Zustandes, mit dem wir heute fertig werden müssen.

JANSEN: Eng verknüpft scheint mir dies auch mit einer Kritik an einem einseitigen Vernunftbegriff, der den kritischen Stachel einer noch emphatischen Vernunft aus der Epoche der Aufklärung eingebüßt hat. Unter der kapitalistischen Ökonomie hat sich eine eindimensionale, »instrumentelle Vernunft« durchgesetzt. Max Horkheimer schreibt in seinem Vorwort zur *Kritik der instrumentellen Vernunft*: »Das Fortschreiten der technischen Mittel ist von einem Prozess der Entmenschlichung begleitet.«[6] Das erinnert sehr an Marcuses Vorwort. Beide Autoren interpretieren die »Krise der Vernunft« als eine »Krise des Individuums«. Horkheimer: »Das Individuum fasste einmal die Vernunft ausschließlich als ein Instrument des Selbst.« Aber – und hier stehen Marcuse und Horkheimer

6 Horkheimer (1985), S. 13, aus dem Vorwort von 1946.

in ihrer negativen Kritik sehr eng beieinander: »Im Augenblick ihrer Vollendung ist die Vernunft irrational und dumm geworden.«[7]

Das an der Brandeis University gefundene Manuskript weist einige Unterschiede zu dem publizierten Buch aus. Meist sind es nur korrigierte oder einzelne Worte. Nur in der Analyse der Kunst als Inbegriff eines utopischen Potenzials finden sich stärkere Abweichungen. Insgesamt scheint mir hier, in der Kritik an der Massenkultur und an einem politisierten Kunstbegriff, eine erstaunliche Nähe zur *Dialektik der Aufklärung* von Horkheimer und Adorno zu existieren. Wie siehst du das und wie nah steht deiner Meinung nach der *Eindimensionale Mensch* insgesamt an der *Dialektik der Aufklärung*?

CLAUSSEN: Wie du schon angedeutet hast: Theoretisch ziehen Horkheimer, Adorno und Marcuse von 1944 bis 1964 an einem Strang. Die Reaktionen auf die folgende Protestbewegung waren dann bekanntlich sehr unterschiedlich. Das lag nicht nur an den verschiedenen Temperamenten Adornos und Marcuses, sondern auch an den Unterschieden zwischen der deutschen und amerikanischen Bewegung. Die Auseinandersetzungen und politischen Ausrichtungen in Deutschland wurden bestimmt vom Überhang der nationalsozialistischen Vergangenheit und der unmittelbaren Präsenz des Kalten Krieges, die USA sahen sich in einen heißen Krieg in Vietnam verwickelt und mussten der verleugneten Gegenwart des Rassismus ins Auge schauen. Beide Gesellschaften, die sich an ihrer technischen Rationalität berauschten, besaßen in ihrer Beziehung zur Vergangenheit blinde Flecken, die mithilfe des emanzipatorischen Erkenntnispotenzials der traditionellen Philosophie aufgehellt werden konnten. Die *Kritik der instrumentellen*

7 Ebd., S. 124.

Vernunft erleben wir am eigenen Leib – das Internet, das ein menschheitsverbindendes kommunikatives Element sein könnte, verwandelt sich weitgehend in ein Instrument totaler Kontrolle, Überwachung und Beherrschung.

JANSEN: Siehst du, nachdem wir nun wissen, was Herbert Marcuses *Feindanalysen*[8] inhaltlich aussagen, einen Zusammenhang mit Marcuses Kritik im *Eindimensionalen Menschen*? Dort wird z. B. der Begriff »Gleichschaltung« erwähnt, den Marcuse ja in seinen OSS-Analysen mehrmals als eine Kennzeichnung der nationalsozialistischen Gesellschaft benennt.

CLAUSSEN: Wie eben schon angedeutet: Die Schrecken ihrer Gegenwart, vor allem Nationalsozialismus und Stalinismus, wurden von den Kritischen Theoretikern als Tendenzen einer gesellschaftlichen Moderne gesehen, die vor nationalen Besonderheiten nicht haltmacht. Potenziell ist in der Instrumentalisierung der Vernunft die Universalisierung totaler Herrschaft enthalten. Aber auf die spezifische Differenz kommt es an. Nicht alle Systeme sind gleich. Aber heute gibt es kein Außerhalb des Systems mehr.

JANSEN: Mir scheint, der Charakter der Eindimensionalität der Gesellschaft hat sich von einer politischen und kulturellen Ebene, wie sie Marcuse analysiert, auf eine ökonomische Eindimensionalität verschoben. Fast alle gesellschaftlichen Bereiche werden überlagert von einer »Durch-Ökonomisierung«, einer angeblich alternativlosen Orientierung am bestehenden kapitalistischen Markt, der mit der Globalisierung die territorialen Grenzen der spätkapitalistischen Gesellschaft längst überschritten hat. Die Welt befindet sich in einem neuen Stadium der Eindimensionalität.

8 Marcuse (2007).

CLAUSSEN: Die Kritik der Welt des »short century« lebte von der Differenz der alten bürgerlichen Gesellschaft zu den Schrecken des zwanzigsten Jahrhunderts. Der Gleichschritt ökonomischer Entwicklung im New Age nach 1989 schuf ein neues System, dessen Kritik wieder eine erneuerte Kritik der Politischen Ökonomie auf den Plan ruft. Die schwierige Aufgabe besteht nun darin, dass ein Großteil der Ökonomen den Realitätsbezug aus den Augen verloren hat; der Kritiker muss erst mühsam ein Bild der Realökonomie rekonstruieren, die er erst dann auf ihre Krisentendenzen analysieren kann. Es gibt da schon einige sehr gute Ansätze wie der David Harveys[9] zum Beispiel. Analysen dieser Art geben dann wieder Kritiken der politischen und ästhetischen Dimension ein materielles Fundament. Tatsächlich geht es um fundamentale Verhältnisse – das veränderte Verhältnis von geistiger und körperlicher Arbeit, von Raum und Zeit, von Gebrauchswert und Wert in der Struktur der Waren selbst, von Realität und Fiktion, von Körper und Geist. Auf die alten Begriffe können wir uns nicht mehr verlassen; wir müssen an neuen arbeiten. Das ist die intellektuelle Erbschaft vom *Eindimensionalen Menschen*.

9 Der letzte Band des Humangeographen und Sozialwissenschaftlers David Harvey, *Siebzehn Widersprüche und das Ende des Kapitalismus*, erschien 2015.

Literaturverzeichnis

Adorno, Theodor W. (1953): Prolog zum Fernsehen, GS Band 10·2, S. 507–517.

Adorno, Theodor W. (1966): Negative Dialektik, GS Band 6.

Altvater, Elmar (2011): Das Ende des Kapitalismus, wie wir ihn kennen. Eine radikale Kapitalismuskritik, Münster.

Arendt, Hannah (1970): Macht und Gewalt, München.

Aronowitz, Stanley (1973): False Promises. The Shaping of American Working Class Consciousness, New York.

ASTA Freie Universität Berlin (Hg.) (2005): Zur Aktualität der Philosophie Herbert Marcuses, Berlin.

Bell, Daniel (1975/1973): Die nachindustrielle Gesellschaft, Frankfurt (Main)/New York.

Behrens, Roger (2000): Übersetzungen – Studien zu Herbert Marcuse. Konkrete Philosophie, Praxis und kritische Theorie, Mainz.

Pomrehn, Werner (2007): *Der Stalinismus ist die Katastrophe der Emanzipation*, in: Phase 2, Heft 24, Juni, S. 16–19.

Behrens, Roger (2007): *Bemerkungen zur Aktualität der kritischen Theorie*, in: Winter, Rainer; Zima, Peter V. (Hg.): Kritische Theorie heute, Bielefeld, S. 47–66.

Behrens, Roger (2012): *»Crisis, what Crisis?« Kulturindustrie, Kritik und Krise*, in: Hawel, Marcus; Blanke, Moritz (Hg.): Kritische Theorie der Krise, Berlin, S. 71–91.

Behrens, Roger (2014): *1. Bedürfnisse*, in: Der eindimensionale Mensch wird fünfzig. Ein Abend von und mit Robert Stadlober, Andreas Spechtl, Kristof Schreuf, Thomas Ebermann, Hamburg, S. 9–10.

Benjamin, Walter (1928): Einbahnstraße, GS Band 4·1, Frankfurt/Main 1991, S. 83–148.

Benjamin, Walter (1991/1927): Das Passagen-Werk, GS Band 5, Frankfurt/Main.

Benjamin, Walter (1991/1940): Thesen über den Begriff der Geschichte, GS Band 1·2, S. 693–704.

Bischoff, Joachim; Müller, Bernard (2014): Pikettys »Kapital im 21. Jahrhundert« – Der moderne Kapitalismus = eine oligarchische Gesellschaft, Hamburg.

Boltanski, Luc; Chiapello, Ève (2003): Der neue Geist des Kapitalismus. Aus dem Französischen von Michael Tillmann, Konstanz.

Bovenschen, Silvia; Marcuse, Herbert; Schuller, Marianne (1978): *Weiblichkeitsbilder*, in: Habermas, J; Bovenschen: Gespräche mit Herbert Marcuse, Frankfurt/Main, S. 65–91.

Brunkhorst, Hauke; Koch, Gertrud (1987/2001): Herbert Marcuse. Eine Einführung, Hamburg.

Bundschuh, Stephan (1998): »Und weil der Mensch ein Mensch ist ...« Anthropologische Aspekte der Sozialphilosophie Herbert Marcuses, Lüneburg.

Cooper, David (Hg.) (1969): Dialektik der Befreiung, Reinbek bei Hamburg.

Enzensberger, Hans Magnus (1972): Der kurze Sommer der Anarchie. Buenaventura Durrutis Leben und Tod, Frankfurt/Main.

Fisher, Mark (2013): Kapitalistischer Realismus ohne Alternative? Übersetzt von Christian Werthschulte, Peter Scheiffele und Johannes Springer, Hamburg.

Frankfurter Frauengruppe (1975): *Marxismus und Feminismus. Gespräch mit Herbert Marcuse*, in: links, Nr. 66, Januar, S. 9–10.

Frauen aus dem Frauenzentrum Berlin (1975): *Warum wir Frauen uns nicht zum philosophischen Prinzip degradieren lassen oder – traue keinem Mann*, in: links, Jg. 6, Nr. 62, Januar, S. 21.

Galbrait, John K. (1958): The Affluent Society, Boston.

Geiselberger, Heinrich (Hg.) (2017): Die große Regression. Eine internationale Debatte über die geistige Situation der Zeit, Berlin.

Harvey, David (2015): Siebzehn Widersprüche und das Ende des Kapitalismus, Berlin.

Hawking, Stephen (2006): In a world that is in chaos politically, socially and environmentally, how can the human race sustain another 100 years? URL: https://answers.yahoo.com/question/index?qid=20060704195516AAnrdOD

Hessel, Stéphane (2011): Empört Euch! Aus dem Französischen von Michael Kogon, Berlin (Orig. Indignez-vous! Indigène, Montpellier 2010).

Hirsch, Joachim (2011) Aufstandsphantasien. URL: http://www.links-netz.de/K_texte/K_hirsch_aufstand.html

Hobsbawm, Eric (1995): Das Zeitalter der Extreme. Weltgeschichte des 20. Jahrhunderts. 1914–1991, München.

Horkheimer, Max (1980/1932): *Bemerkungen über Wissenschaft und Krise*, in: Zeitschrift für Sozialforschung, Jg. 1, München, S. 1–7.

Horkheimer, Max (1980/1937a): *Traditionelle und kritische Theorie*, in: Zeitschrift für Sozialforschung, Jg. 6, München, S. 245–294.

Horkheimer, Max (1985/1967): Zur Kritik der instrumentellen Vernunft, Frankfurt/Main.

Jaeggi, Urs (1973): Kapital und Arbeit in der Bundesrepublik (Neue Ausgabe von: Macht und Herrschaft in der BRD) Frankfurt/Main.

Jansen, Peter-Erwin (2006): *Die Begierde der Gesellschaft. Herbert Marcuses Blick auf die Unzulänglichkeiten staatlicher Utopien*, in: Hawel, M.; Kritidis, G. (Hg.): Aufschrei der Utopie. Möglichkeiten einer anderen Welt, Hannover, S. 33–48.

Kaufmann, Stephan; Stützle, Ingo (2014): Kapitalismus – Die ersten 200 Jahre. Thomas Pikettys »Das Kapital im 21. Jahrhundert«. Einführung, Debatte, Kritik, Berlin.

Kellner, Douglas (2015): *Afterword to Herbert Marcuse's Paris Lectures*, in: Jansen, P.-E.; Reitz, C. (Hg.): Herbert Marcuse's 1974 Paris Lectures at Vincennes University, Frankfurt (Main)/Kansas City, S. 115–122.

Kill, Susanne (1990): *Marcuse, die Wirklichkeit und eine alte Utopie*, in: Jansen, P.-E. (Hg.): Befreiung Denken – ein politischer Imperativ, Offenbach, S. 99–109.

Krahl, Hans-Jürgen (1985): Konstitution und Klassenkampf. Schriften und Reden, Frankfurt/Main, S. 122–135.

Laudani, Rafaele (2016): Im Kampf gegen Nazideutschland. Die Berichte der Frankfurter Schule für den amerikanischen Geheimdienst 1943–1949 (Frankfurter Beiträge zur Soziologie und Sozialphilosophie), Frankfurt/Main.

Lenk, Elisabeth (1998/1968): *Brief an Theodor W. Adorno, Paris, den 15. Mai 1968*, in: Schulenburg, Lutz (Hg.): Das Leben ändern, die Welt verändern! Dokumente und Berichte, Hamburg, S. 211–213.

Lenk, Elisabeth (1997): *Kritische Theorie und surreale Praxis*, in: Hoß, Dietrich; Steinert, Heinz (Hg.): Vernunft und Subversion. Die Erbschaft von Surrealismus und Kritischer Theorie, Münster, S. 14–31.

Lyotard, Jean-François (1994/1979): Das postmoderne Wissen. Ein Bericht, Wien.

Marcuse, Herbert (1964): Die Gesellschaftslehre des sowjetischen Marxismus, Darmstadt.

Marcuse, Herbert (1967b): *Ist die Idee der Revolution eine Mystifikation? Herbert Marcuse antwortet auf vier Fragen*, in: Kursbuch 9, S. 1–6.

Marcuse, Herbert (1969): *Befreiung von der Überflussgesellschaft*, in: Cooper, D. (Hg.): Dialektik der Befreiung, Reinbek bei Hamburg, S. 90–101.

Marcuse, Herbert (1971): *Das dritte Gespräch: Herbert Marcuse*, in: Hacker, Friedrich: Aggression. Die Brutalisierung der modernen Welt, Wien/München/Zürich, S. 421–437.

Marcuse, Herbert, Horkheimer, Max (1980/1937b): *Philosophie und kritische Theorie*, in: Zeitschrift für Sozialforschung, Jg. 6, München, S. 625–647.

Marcuse, Herbert (1980/1967a): Das Ende der Utopie. Vorträge und Diskussionen in Berlin 1967, Frankfurt/Main.

Marcuse, Herbert (1999): *Eine Revolution der Werte*, in: Nachgelassene Schriften Band 1. Einleitung Oskar Negt, herausgegeben und mit einem Vorwort von P.-E. Jansen, Springe, S. 135–145.

Marcuse, Herbert (2002/1966): *Politisches Vorwort*, in: Nachgelassene Schriften Band 3. Einleitung Alfred Schmidt, herausgegeben und mit einem Vorwort von P.-E. Jansen, Lüneburg, S. 181–187.

Marcuse, Herbert (2004/1932): *Neue Quellen zur Grundlegung des Historischen Materialismus*, in: Schriften Band 1, Springe, S. 509–555.

Marcuse, Herbert (2004/1937): *Philosophie und kritische Theorie*, in: Schriften Band 3, Springe, S. 227–249.

Marcuse, Herbert (2004/1941): *Einige gesellschaftliche Folgen moderner Technologie*, in: Schriften Band 3, Springe, S. 286–319.

Marcuse, Herbert (2004/1948): *Existentialismus. Bemerkungen zu Jean Paul Sartres »L'Être et le Néant«*, in: Schriften Band 8, Springe, S. 7–40.

Marcuse, Herbert (2004/1955): Triebstruktur und Gesellschaft. Ein philosophischer Beitrag zu Sigmund Freud, Schriften Band 5, Springe.

Marcuse, Herbert (2004/1969): *Versuch über die Befreiung*, in: Schriften Band 8, Springe, S. 237–317.

Marcuse, Herbert (2004/1974): *Theorie und Praxis*, in: Schriften Band 9, Springe, S. 143–158.

Marcuse, Herbert (2004/1975): *Marxismus und Feminismus*, in: Schriften Band 9, Springe, S. 131–142.

Marcuse, Herbert (2004): Die Studentenbewegung und ihre Folgen. Nachgelassene Schriften Band 4. Einleitung Wolfgang Kraushaar, herausgegeben und mit einem Vorwort von P.-E. Jansen, Springe.

Marcuse, Herbert (2007): Feindanalysen. Über die Deutschen. Nachgelassene Schriften Band 5. Einleitung Detlev Claussen, herausgegeben und mit einem Vorwort von P.-E. Jansen, Springe

Marcuse, Herbert (2009/1969): *Die Verantwortung der Wissenschaft*, in: Nachgelassene Schriften Band 6. Einleitung Iring Fetscher, herausgegeben und mit einem Vorwort von P.-E. Jansen, Springe, S. 130–136.

Marcuse, Herbert (2009/1979a): *Ökologie und Gesellschaftskritik*, in: Nachgelassene Schriften Band 6. Einleitung Iring Fetscher, herausgegeben und mit einem Vorwort von P.-E. Jansen, Springe, S. 165–176.

Marcuse, Herbert (2009/1979b): *Kinder des Prometheus*, in: Nachgelassene Schriften Band 6. Einleitung Iring Fetscher, herausgegeben und mit einem Vorwort von P.-E. Jansen, Springe, S. 157–164.

Marcuse, Herbert (2014/1967): Der eindimensionale Mensch. Studien zur Ideologie der fortgeschrittenen Industriegesellschaft. Neuauflage herausgegeben und mit einem Nachwort von P.-E. Jansen, Springe.

Marx, Karl (1844a): *Zur Judenfrage*, in: MEW Band 1, Berlin (Ost) 1983, S. 347–371.

Marx, Karl (1844b): *Zur Kritik der Hegelschen Rechtsphilosophie. Einleitung*, in: MEW Band 1, Berlin (Ost) 1983, S. 378–392.

Marx, Karl (1983): Das Kapital, Band 3, MEW 25, Berlin (Ost).

Marx, Karl (1845): *Thesen über Feuerbach*, in: MEW Band 3, Berlin (Ost) 1983, S. 5–7.

Marx, Karl; Engels, Friedrich (1846): *Die deutsche Ideologie*, in: MEW Bd. 3, Berlin (Ost) 1983.

Marx, Karl: Theorien über den Mehrwert, MEW 26, Berlin.

Marx, Karl: Grundrisse, MEW 42, Berlin.

Marx, Karl: Brief an Friedrich Engels, 18. Februar 1865, MEW 31.

Mason, Paul (2016): Postkapitalism. A Guide to Our Future, London 2015; dt.: Postkapitalismus. Grundrisse einer kommenden Ökonomie. Aus dem Englischen von Stephan Gebauer, Berlin.

Mills, C. Wright (1951): White Collar, New York.

Mills, C. Wright (1956): The Power Elite, New York.

Müller, Tim B. (2010): Krieger und Gelehrte. Herbert Marcuse und die Denksysteme im Kalten Krieg, Hamburg.

Münchener Frauengruppe (1975): *Was ist Weiblichkeit?*, in: Schwarze Protokolle. Zur Theorie der Linken Bewegung, 11, Berlin.

Nachtwey, Oliver (2016): Die Abstiegsgesellschaft. Über das Aufbegehren in der regressiven Moderne, Berlin.

Negt, Oskar (1994): Unbotmäßige Zeitgenossen. Annäherungen und Erinnerungen, Frankfurt/Main.
Neupert-Doppler, Alexander (2015): Utopie. Vom Roman zur Denkfigur, Stuttgart.
Piketty, Thomas (2014): Das Kapital im 21. Jahrhundert. Aus dem Französischen von Ilse Utz und Stefan Lorenzer, München (Orig.: Le Capital au XXIe siècle, Paris 2013).
Seeßlen, Georg (2017): Trump! Populismus als Politik, Berlin.
Sohn, Manfred (2017): Falsche Feinde. Was tun gegen die AfD? Ein alternativer Ratgeber, Hamburg.
Sonnemann, Ulrich (2011/1981/1969): Negative Anthropologie. Vorstudien zur Sabotage des Schicksals, Schriften Band 3, Springe.
Trojanow, Ilija (2015): Der überflüssige Mensch, München.
Unsichtbares Komitee (2010): Der kommende Aufstand. Aus dem Französischen von Elmar Schmeda, Hamburg (Orig.: L'insurrection qui vient, o. O. 2007).
Voigts, Hanning (2009): Entkorkte Flaschenpost. Herbert Marcuse, Theodor W. Adorno und der Streit um die Neue Linke, Reihe: Politische Theorie Band 11, Berlin, Münster et al.
Weiß, Volker (2017): Die autoritäre Revolte. Die Neue Rechte und der Untergang des Abendlandes, Stuttgart.
Werckmeister, Otto Karl (1989): Zitadellenkultur. Die schöne Kunst des Untergangs in der Kultur der achtziger Jahre, München.
Ziegler, Jean (2016): Der schmale Grat der Hoffnung. Meine gewonnenen und verlorenen Kämpfe und die, die wir gemeinsam gewinnen werden. Aus dem Französischen von Hainer Kober, München (Orig.: Chemins d'espérance: Ces combats gagnés, parfois perdus mais que nous remporterons ensemble, Paris 2016).
Ziegler, Jean (2017): *»Ich bin der andere, der andere ist ich«. Interview mit Jean Ziegler von Alexander Behr*, in: ver.di Publik, Nr. 4/2017, S. 16.
Zwarg, Robert (2017): Die Kritische Theorie in Amerika. Das Nachleben einer Tradition (Schriften des Simon-Dubnow-Instituts), Göttingen.

Autoren und Herausgebende

Roger Behrens, geboren 1967, studierte Philosophie und Sozialwissenschaften an den Universitäten Hamburg, Berkeley, Kassel und Maastricht. Er besuchte Vorlesungen von Martin Jay, Ulrich Sonnemann und Heinz Paetzold. Behrens ist Redaktionsmitglied der »Zeitschrift für Kritische Theorie« und schreibt regelmäßig für »Jungle World«. Mitarbeiter beim Freien Sender Kombinat (FSK). 2009 gründete Behrens den Verlag Katzenberg. Arbeitsschwerpunkte: Popgeschichte, Kritische Theorie, Gesellschaftskritik, Kunst, Kulturindustrie. Er lehrt an der Helmut-Schmidt-Universität in Hamburg. Veröffentlichungen u. a.: (2015) *Die Diktatur der Angepassten: Texte zur kritischen Theorie der Popkultur*, Bielefeld; (2004) *Postmoderne*, Hamburg; (2002) *Kritische Theorie,* Hamburg; (2002) *Übersetzungen – Konkrete Philosophie, Praxis und kritische Theorie (Studien zu Herbert Marcuse)*, Mainz; (1998) *Ton Klang Gewalt. Texte zu Musik, Gesellschaft und Subkultur*, Mainz.

Detlev Claussen, geboren 1948, studierte Philosophie, Soziologie, Literatur und Politik in Frankfurt, u. a. bei Theodor W. Adorno. Er war aktiv im SDS. Habilitierte 1985 mit seiner Arbeit *Grenzen der Aufklärung – eine Studie über die gesellschaftsgeschichtliche Genese des Antisemitismus.* Lehrtätigkeiten an verschiedenen Universitäten. Von 1994 bis zu seiner Emeritierung im Jahr 2011 lehrte Claussen Gesellschaftstheorie, Kultur- und Wissenschaftssoziologie an der Universität Hannover. Heute schreibt er regelmäßig für »Faust-Kultur«, »TAZ« und andere Medien. Er lebt in Frankfurt am Main. Veröffentlichungen

u. a.: (1987) *Grenzen der Aufklärung. Zur gesellschaftlichen Geschichte des modernen Antisemitismus*, Frankfurt/Main; (2003) *Theodor W. Adorno – Ein letztes Genie*, Frankfurt/Main; (2006) *Béla Guttmann. Weltgeschichte des Fußballs in einer Person*, Berlin. Zahlreiche Artikel zur Kritischen Theorie, Gesellschaftstheorie, Nationalismus, Antisemitismus, Rassismus, Geschichte des Fußballs.

Lisa Doppler, geboren 1986, lebt in Hannover. Sie schreibt ihre Dissertation an der Justus-Liebig-Universität Gießen zu Herbert Marcuse im Dialog mit Intellektuellen des Refugee Strike. Mit der Diskussion seiner Theorien in einer aktuellen politischen Bewegung möchte Doppler einerseits Marcuse als Kritischen Theoretiker radikaler Praxis aktualisieren und andererseits seine Analyse auf heutige Praxis anwenden. Förderung durch Rosa-Luxemburg-Stiftung. Sie lehrt am Institut für Soziologie an der Justus-Liebig-Universität in Gießen. Veröffentlichungen u. a.: (2014) *Das Recht auf Stadt als konkrete Utopie? Utopisches Bewusstsein als Gegenstand der Bewegungsforschung* (zus. mit A. Neupert), in: Gestring/Ruhne/Wehrheim (Hg.): Stadt und soziale Bewegungen, Wiesbaden; (2015) *A feeling of doing the right thing. Forming a successful Alliance against Dublin-Deportations,* in: movements. Journal für kritische Migrations- und Grenzregimeforschung 1(2); (2015) *Work in Progress. Work on Progress.* Doktorand_innen-Jahrbuch 2015 der Rosa-Luxemburg-Stiftung, Marcus Hawel (Hg.) und Herausgeber_innenkollektiv, Hamburg.

Peter-Erwin Jansen, geboren 1957, studierte Philosophie, Soziologie, Germanistik und Politik in Frankfurt/Main u. a. bei Jürgen Habermas und Axel Honneth. Seit 2009 Dozent an der Hochschule in Koblenz im Fachbereich Sozialwissenschaften. Direktor der Internationalen Herbert Marcuse

Society (IHMS, European Section). Er ist sowohl publizistisch als auch rechtlich als Vertreter der Nachlasseigentümer für die Nachlässe von Herbert Marcuse und Leo Löwenthal verantwortlich. Veröffentlichungen aus den Nachlässen, bisher erschienen sechs Bände, u. a.: (2007) Marcuse, Herbert: *Feindanalysen. Über die Deutschen. Einleitung Detlev Claussen*. Erweiterte Neuauflage, Springe; (2015) Marcuse, Herbert: *Herbert Marcuse's 1974 Paris Lectures at Vincennes University. Introduction by Sarah Surak. Afterword by Douglas Kellner*, Kansas City; zu Leo Löwenthal: (2003) Kracauer/Löwenthal: *In steter Freundschaft. Briefwechsel. 1921–1966*, Springe; (2014) *Die Weltrevolution steht um die Ecke – Leo Löwenthal in Heidelberg*, in: Bitterol/Schlaudt/Schöbel (Hg.): Intellektuelle in Heidelberg 1910–1933. Ein Lesebuch, Heidelberg; (2017) *Die Doppelfunktion literarischer Werke: Ideologiekritik und Utopie*, in: Estelmann/Zegowitz: Literaturwissenschaften in Frankfurt am Main, 1914–1945, Göttingen.

Alexander Neupert-Doppler, geboren 1981, studierte Politik, Geschichte und Philosophie in Osnabrück. Er promovierte 2013 an der Universität Osnabrück mit einer Arbeit zur Kritik des Staatsfetischismus. Er arbeitet als Bildungsreferent bei der Sozialistischen Jugend/Falken in Hannover. Sowohl in seiner Dissertation als auch in einer nachfolgenden Monographie zum Begriff der Utopie beschäftigte sich Neupert-Doppler unter anderem mit der Kritischen Theorie Herbert Marcuses. Veröffentlichungen u. a.: (2013) *Staatsfetischismus – Zur Rekonstruktion eines umstrittenen Begriffs*, Münster; (2014) *Das Recht auf Stadt als konkrete Utopie? Utopisches Bewusstsein als Gegenstand der Bewegungsforschung* (zus. mit L. Doppler), in: Gestring/Ruhne/Wehrheim (Hg.): Stadt und soziale Bewegungen, Wiesbaden; (2015) *Utopie – Vom Roman zur Denkfigur*, Stuttgart;

(2016) *Konkrete Utopie und subjektiver Faktor – Ernst Bloch und die Neue Linke,* in: Schiller, H.-E. (Hg.): Staat und Politik bei Ernst Bloch, Baden-Baden; (2017) *Recht als Form – Gesetze als Inhalt*, in: Frick/Roland/Lembcke (Hg.): Politik und Recht. Umrisse eines Forschungsfeldes, Baden-Baden.

Lukas Wieselberg, geboren 1968, studierte in Wien und Siena Philosophie, Soziologie und anderes. Er ist seit zwanzig Jahren Journalist mit dem Schwerpunkt Wissenschaftsjournalismus. Unter anderem schrieb er für den »Falter« und »News« und arbeitete als Redakteur bei TV-Media und E-Media. Seit Herbst 2000 ist er Wissenschaftsredakteur bei Ö1 und seit einigen Jahren Leiter von science.ORF.at. Wieselberg gehört seit Jahren zum Redaktionsteam der erfolgreichen Reihe *Dimensionen – die Welt der Wissenschaft*. Zahlreiche Rundfunkfeatures, u. a.: (2001) *Maly Trostinec: Das unbekannte Nazi-Todeslager*; (2017) *Karl Polany – Wirtschaftshistoriker und Sozialwissenschaftler: Über die Utopie des freien Marktes.*

Herbert Marcuse

Nachgelassene Schriften

Herausgegeben von Peter-Erwin Jansen
Hardcover mit Schutzumschlag

Band 1 **Das Schicksal der bürgerlichen Demokratie**
176 Seiten, 19,00 €, ISBN 978-3-92424-583-2

Band 2 **Kunst und Befreiung**
166 Seiten, 19,00 €, ISBN 978-3-92424-584-9

Band 3 **Philosophie und Psychoanalyse**
Mit einer einleitenden Studie von Alfred Schmidt
233 Seiten, 24,00 €, ISBN 978-3-92424-585-6

Band 4 **Die Studentenbewegung und ihre Folgen**
Mit einer einleitenden Studie
von Wolfgang Kraushaar
253 Seiten, 24,00 €, ISBN 978-3-92424-586-3

Band 5 **Feindanalysen**
169 Seiten, 24,00 €, ISBN 978-3-86674-003-7

Band 6 **Ökologie und Gesellschaftskritik**
176 Seiten, 24,00 €, ISBN 978-3-92424-587-0

Herbert Marcuse

Der eindimensionale Mensch

Studien zur Ideologie
der fortgeschrittenen Industriegesellschaft

Mit einem Nachwort von Peter-Erwin Jansen

296 Seiten, Paperback, 24,00 €
ISBN 978-3-86674-239-0